アメリカ大統領と大統領図書館

豊田恭子
Toyoda Kyoko

筑摩選書

アメリカ大統領と大統領図書館　目次

はじめに

二〇二二年夏、私はアメリカの大統領図書館を巡る旅を始めようとしていました。

数年前に父が亡くなり、私の銀行口座には、思いがけず数百万円の不労所得が払い込まれていて、私はこのお金を何か特別なことに使いたいと思っていました。ちょうど定年を迎え、四〇年近くにおよぶサラリーマン生活に別れを告げた時期でしたし、ここ数年興味を持って調べていたアメリカの図書館制度を、別の角度から見てみたいという気持ちもありました。アメリカ旅行を気楽に楽しみながら、各地の大統領図書館を訪問して戦後アメリカ史を学び直すというのは、ちょうどいいリフレッシュになるとも思えました。

図書館といっても、大統領図書館は通常の公共図書館などとは違い、国立公文書館（NARA。正式名称：National Archives and Records Administration、国立公文書記録管理局）の管轄下にあり、大統領の記録を集めて市民にアクセスさせる、世界でも稀有なアーカイブ機関です。フーバーからブッシュ・ジュニアまで、施設としては現在一三館あり、それが全米に散らばって建てられています（表1）。

代	大統領名*1（生没年）		開館日	大統領図書館名*2	場所	運営協力団体
31	ハーバート・フーバー（1874-1964）	第I期	1962年8月10日	Herbert Hoover Presidential Library and Museum	アイオワ州ウエスト・ブランチ	フーバー大統領財団
32	フランクリン・D・ルーズベルト（1882-1945）		1941年6月30日	Franklin D. Roosevelt Presidential Library and Museum	ニューヨーク州ハイドパーク	ルーズベルト協会
33	ハリー・S・トルーマン（1884-1972）		1957年7月6日	Harry S. Truman Presidential Library and Museum	ミズーリ州インディペンデンス	トルーマン図書館協会
34	ドワイト・アイゼンハワー（1890-1969）		1962年5月1日	Dwight D. Eisenhower Presidential Library and Museum	カンザス州アビリーン	アイゼンハワー財団
35	ジョン・F・ケネディ（1917-1963）	第II期	1979年10月20日	John F. Kennedy Presidential Library and Museum	マサチューセッツ州ボストン	ジョン・F・ケネディ図書館財団
36	リンドン・B・ジョンソン（1908-1973）		1971年5月22日	Lyndon Baines Johnson Presidential Library and Museum	テキサス州オースティン	LBJ財団／テキサス大学オースティン校
37	リチャード・M・ニクソン（1913-1994）		1990年7月19日*3	Richard Nixon Presidential Library and Museum	カリフォルニア州ヨーバリンダ	リチャード・ニクソン財団
38	ジェラルド・R・フォード（1913-2006）		1981年4月27日 1981年9月18日	Gerald R. Ford Presidential Library Gerald R. Ford Presidential Museum	ミシガン州アナーバー ミシガン州グランドラピッズ	ジェラルド・R・フォード大統領財団／ミシガン大学
39	ジミー・カーター（1924-）		1986年10月1日	Jimmy Carter Presidential Library and Museum	ジョージア州アトランタ	カーター・センター
40	ロナルド・レーガン（1911-2004）	第III期	1991年11月4日	Ronald Reagan Presidential Library and Museum	カリフォルニア州シミバレー	ロナルド・レーガン大統領財団協会
41	ジョージ・H・W・ブッシュ（1924-2018）		1997年11月6日	George Bush Presidential Library and Museum	テキサス州カレッジステーション	ジョージ&バーバラ・ブッシュ財団／テキサスA&M大学
42	ビル・クリントン（1946-）		2004年11月18日	William J. Clinton Presidential Library and Museum	アーカンソー州リトルロック	クリントン財団
43	ジョージ・W・ブッシュ（1946-）		2013年4月25日	George W. Bush Presidential Library	テキサス州ダラス	ジョージ・W・ブッシュ大統領センター／南メソジスト大学

表1　国立公文書館（NARA）が管理している大統領図書館一覧

*1 時事通信の表記に従った　*2 2024年2月1日現在の www.archives.gov/presidential-libraries に従った　*3 NARAの管理下に入ったのは2007年7月11日

全部まわれたら楽しい旅行記が書けるかも、と思って始めた旅だったのですが、調べていくうちにだんだん、現在の大統領図書館制度が抱えている多くの問題を知ることになりました。それは本書でおいおい語っていきたいと思いますが、今後はもう、いまのような形の大統領図書館はなくなると見られています。

一方で、大統領文書を巡る事件も起きました。ドナルド・トランプ元大統領がホワイトハウスから勝手に機密文書を持ち出し、フロリダの別邸マールアラーゴの家宅捜索を受け、その後起訴されたことは、日本でも大きく報じられましたが、アメリカではあらためて大統領文書に脚光があたり、フランクリン・ルーズベルトに始まる現行制度や、大統領記録法の規定などが、多くのメディアで紹介されることになりました。

偶然ではありましたが、大統領図書館制度が大きな節目を迎え、大統領記録のあり方が盛んに議論されたこの時期に、現存する一三館を訪問して歩く機会を得たことは、とても幸運なことでした。この一三館が構成する大統領図書館の時代は、戦後アメリカのひとつの時代を形成しているようにも見え、この制度の終焉は、ひとつの時代の終わりを象徴しているようにも思えたからです。

大統領図書館には大統領の文書、記録、物品などを統合的に保存、整理、提供するアーカイブ部門と、そのなかから選択した史料や物品を解説付きで展示するミュージアム部門とがあります。

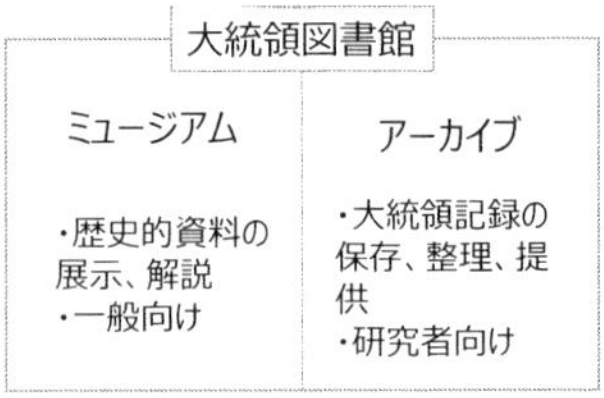

図1　本書での呼び名

これはフランクリン・ルーズベルトの最初のコンセプトなのですが、現在アメリカではミュージアムの存在をアピールする狙いもあって、「プレジデンシャル・ライブラリ＆ミュージアム」という呼称が使われています。この呼び方でいけば、「図書館」が指すのはアーカイブ部門のみとなります。

しかし本書では、「大統領図書館に二つの部門がある」という伝統的コンセプトを踏襲し、ミュージアム部門も含めて「大統領図書館」と呼んでいます（図1）。また随所で「フーバー図書館」「トルーマン図書館」といった呼称も使っています（ただしミュージアムが別棟になっていたり、明らかに入口を別にしている場合のみ、「ミュージアム外観」といった呼び方も採用しました）。また記録を管理する施設を英語では「アーカイブズ」と複数形にして呼ぶのが一般的ですが、本書では単数形の「アーカイブ」で統一しました。

大統領図書館のアーカイブは無料で、外国人にも門戸が開かれていますが、調査目的や閲覧したい資料名を書いて事前に申請する必要があります。一方ミュージアムは有料で一〇―三〇ドルの入館料をとりますが、基本的に予約なしにいつでも訪問が可能です。

公文書館としてはアーカイブこそがその役割の中核とも言えますが、こちらの年間利用者数が一三館合わせて一万人弱なのに対し、ミュージアムは国内外から年間合計二〇〇万人以上を集め、圧倒的人気を誇ります。今回、私が訪問して歩いたのもミュージアムのほうです。

あくまで一巡してみた印象ですが、一三館は建てられた時期によって、だいたい三つに分かれるように思いました。

第一期は一九六〇年代初頭までに建てられたルーズベルト、トルーマン、アイゼンハワー、そしてフーバーの四館です（フーバーはルーズベルトの前の大統領ですが、一九五五年に大統領図書館法ができると自分も図書館がほしいと考え、後に続きました）。この時期はいずれも大統領の生誕地に図書館が建てられ、墓地もそこに置かれています。生まれ育った場所が重要な役割を果たし、一人の大統領の誕生から死没までのものがたりの一部として、大統領図書館が置かれているような印象です。

第二期は、六〇年代後半から八〇年代に建てられたケネディ、ジョンソン、ニクソン、フォード、カーターの五館です。これらの大統領は、就任当初から将来の大統領図書館建築が想定されており、政権内で組織的な記録収集が行なわれました。著名な建築家が雇われ、建設地も大学キャンパスの一角に置かれたりして、必ずしも生家や墓地を伴いません。その政権の遺産を広く伝える役割を担い、建物も大きくなりました。

そして第三期は、九〇年代以降に建てられたレーガン、パパ・ブッシュ、クリントン、ブッシュ・ジュニアの四館です。この時期は大統領記録法の制定によって、大統領記録の扱い方がそれ

全米13か所に点在する大統領図書館　出典：National Archives and Records Administration, Office of Presidential Libraries, Passport to Presidential Libraries, 2017

以前の九館とはまったく変わり、またデジタル化の波が押し寄せたことで扱う文書量が激増します。建物は巨大となり、かけられる建築費も高騰しますが、皮肉なことにアーカイブ機能はむしろ弱まり、ミュージアムが運営の中心となっていきます。地域経済や大学経営にもたらす効果も重視され、大規模な投資が行なわれますが、大統領とその支持者たちによる「神殿」建設が加速しているという批判も呼び、専門家や議会で、そのあり方が盛んに議論された時期でした。

各章は、私の訪問時期や大統領図書館の完成年に関係なく、大統領の就任順に並べたうえで、以下三つの構成にしています。

まず、大統領の人となりを紹介する【来歴】が冒頭にあります。ミュージアム訪問前の、簡単な「予習」に当たります。各大統領がどういう人なのかを、私が面白いと思ったエピソードなどを中心にまとめ、その政治活動や評価については最低限の記述に抑えています。

大統領図書館制度については、【大統領文書と図書館建設】の項で扱いました。大統領文書に関する法制度の誕生と歴史的変遷、各大統領図書館がどのように建てられたか、開館後の運営や発展などをまとめています。

いずれも、専門家から見れば不十分な点も多いと思います。興味を持たれた方は、ぜひこの道のプロによって書かれた、それぞれの大統領についての本や、アメリカの公文書管理についての文献を読んでいただければと思います。

そして【ミュージアム訪問】が、私が二〇二二―二三年に実際に訪ねてまわった訪問記です。たった一度、数時間滞在した程度ですから、ほんの表層をなぞっただけだと言われれば、その通りです。しかしそれぞれの大統領図書館は、大統領の個性を反映した外観と展示内容を持ち、それらを一館一館訪問していく旅は、彼らの素顔と魅力を知り、アメリカの生きた現代史を追体験していくような、貴重な経験となりました。また大統領図書館とは何なのか、そこにあるミュージアムの役割、この制度が終わりを迎えるということの意味など、いろいろと考えさせられる旅でもありました。

本書を通じて、私の体験や、それを通じて考えたことを、少しでも皆さんと共有できればと願っています。

1　ハーバート・フーバー　生まれ故郷を公園としてよみがえらせる

【来歴】

孤児として育ち、スタンフォード大へ

ハーバート・クラーク・フーバーは一八七四年八月一〇日、アイオワ州ウエスト・ブランチに生まれました。人口五〇〇人程度の小さな開拓村で、父親は鍛冶屋を営みます。両親とも厳格なクエーカー教徒で、三人の子供たちに読むのが許されたのは、聖書と辞書と「主人公が悪魔に打ち勝つような話」だけだったと言います。

ハーバートが六歳の時に父ジェシーが亡くなり、その三年後には母ハルダも失って、幼い兄弟は孤児となり、親戚の家に引き取られます。一一歳になると彼は伯父のジョン・ミンソーンを頼り、兄弟とも別れて一人、アイオワから西海岸のオレゴンまで大陸を横断する列車に乗ります。

伯父は医者で会社を経営し、地元の教育長でもあり、非常に厳しい人でした。フーバーはここで六年間、昼は伯父の会社の使い走りとして働きながら夜は学校に通います。小さな頃の夢は、早く独り立ちして、自分の食い扶持《ぶち》を自分で稼げるようになることでした。

一八九一年、一七歳の時にカリフォルニア州にわたり、できたばかりのスタンフォード大学の第一期生となります。同年に入学した五五五人の学生たちの最年少者の一人でした。内気で口下手だった彼は、ここで地質学と工学に興味を持ちます。そして地質学者ジョン・ブラナー教授のタイピストとして働きますが、同じクラスにいたアイオワ州出身のルイーズ（ルー）・ヘンリー（後の妻）と出会います。ルーは銀行家の娘で、比較的裕福な家で育ちましたが、同郷で、自然のなかで過ごすことの好きな二人は意気投合します。

スタンフォード大はフーバーに、故郷に代わる、彼の居場所を与えました。彼はここで、学士号と上流階級とのコネクション、職と妻を得て、その後の人生に必要な基盤を整えたのでした。

エンジニアとして成功し、国際救援活動へ

大学を卒業したフーバーはしばらくネバダ州の鉱山で働きますが、一八九五年、ロンドンの鉱山会社が「三五歳以上の経験豊富な鉱山地質学者」を募集しているのを知ります。二一歳の彼は背広を新調し、髭をはやして年齢を偽り、みごと採用されて、オーストラリア西部の金鉱採掘に向かいます。そこは「赤い塵と黒いハエ」が舞う異国でしたが、財を成すには格好の場所でした。

有望な新鉱脈を掘り当てた彼は、一八九八年には年収一万ドルを獲得し、晴れてルーと結婚します。そして三か月後には、今度は夫婦で中国の炭鉱に向かいます。

当時の中国は西洋列強の進出を受け、それらへの反発も過激化していた乱世でした。一八九九年に起きた義和団の乱により、夫妻の住む天津の外国人居住区も攻撃されることになります。フーバーはバリケード作りを指揮するなどして一か月にわたる籠城戦にルー夫人とともに耐え、最終的にアメリカ海兵隊に救い出されます。

帰国後、夫妻は二人の息子をもうけ、各国を旅します。

一九一四年六月、サラエボでオーストリア皇太子が暗殺されたとき、フーバーはちょうどロンドンにいました。突然戦争が始まり、列車は止まり、ヨーロッパ中が大混乱でした。四〇歳になっていたフーバーは駐英アメリカ大使から連絡を受け、ヨーロッパ全土に残されている一二万人のアメリカ人の帰国を助けてほしいと要請されます。彼は急ごしらえのアメリカ救済委員会の委員長となり、彼らの帰国を支援します。

フーバーにとって、これがエンジニアとしてのキャリアに終わりを告げ、政治の世界に足を踏み入れるきっかけとなりました。

その後、ベルギー人がナチス・ドイツの侵略を受けて飢餓に苦しんでいることを知ると、彼は今度はベルギー救済委員会を設立し、現地に食料を送る活動を始めます。これがワシントンの政府関係者の耳にも届き、辣腕のリーダーとして名前を知られるようになりました。

一九一七年四月、アメリカが第一次世界大戦に参戦すると、フーバーはウッドロウ・ウィルソン大統領の下でアメリカ食糧庁長官に任命されました。彼は戦線に食料支援をする一方で、国内のアメリカ人には「勝利の庭」で自分たちの食べ物を育て、「月曜は肉無し、水曜は小麦無し」の食生活にするよう呼びかけます。人々のボランティア精神に広く呼びかけながら大きなプロジェクトを動かしていくのが、フーバーの得意とするやり方でした。

世界大戦が終わり、一九二一年に共和党の上院議員ウォーレン・ハーディングが大統領に就任すると、フーバーは商務長官に抜擢されます。次のカルビン・クーリッジ大統領の期間も含め、合計八年間、彼は商務長官（そして彼の言葉を借りれば「その他すべての雑事長官」）として実績を積んでいきます。

大統領就任直後の大恐慌

戦後のアメリカは「狂乱の二〇年代」と呼ばれる好景気に沸いていました。五四歳となったフーバーは、一九二八年、共和党の大統領候補となります。彼は「すべての鍋にチキンを、すべてのガレージに車を」というスローガンを掲げて、アメリカ人に明るい未来を約束しました。

彼は選挙で圧勝し、第三一代アメリカ大統領となります。しかし就任した九か月後の一九二九年一〇月二九日、株式市場の大暴落という悲劇が起こります。

フーバーは事態に介入することをためらいます。長年、ビジネスの世界で生きてきた彼は、政府の役割は自由競争の保障にあり、個人生活の領域に立ち入ってはならないという強い信念を持っていました。またアメリカの繁栄は、アメリカ人たちの高いモラルと不屈の精神によってもたらされたものであり、国による救済は、その偉大なアメリカの伝統を破壊することだとも考えていました。

倒産が相次ぎ、町に失業者が溢れ出してからようやく、フーバーは政府支援に手を付けますが、もはや焼け石に水の状況で、早期の救済を求める人々の怒りを一身に受けることになりました。戦時中、人道支援で名をあげたはずの大統領が、一転して、ケチで無能な悪人として怒号を浴びせられたのです。

最悪だったのは一九三二年、第一次世界大戦の退役軍人約二万人が首都ワシントンに集結したときでした。彼らは前クーリッジ政権が約束した恩給の前払いを要求して何か月も座り込みをしたため、フーバーは連邦軍を呼び、怒る彼らを力ずくで解散させたのです。フーバーは非道な殺人者で国民の敵だというレッテルさえ貼られる結果となりました。

この年の大統領選で、フーバーは民主党のニューヨーク州知事フランクリン・ルーズベルトと対決しました。ルーズベルトは裕福な名家の出で東海岸の典型的なエスタブリッシュメントであり、何から何までフーバーとは対照的でした。彼はニューディールと呼ばれる一連の政府支出計画によって恐慌を終わらせることを高らかに宣言し、地滑り的勝利でフーバーを破ります。

一九三三年三月四日（この頃は大統領の就任式が三月でした）、式典に向かうオープンカーのなかから、にこやかに手を振るルーズベルトと、憮然として隣に座るフーバー。パレードの間じゅう、二人はひとことも言葉を交わさなかったと言います。フーバーにしてみれば、この前まで自分を賞賛していた国民が掌を返し、自分とは正反対の立場をとる新大統領に熱狂している姿は、よほど悔しかったに違いありません。この後、二人が同席することはありませんでした。

トルーマン大統領による復権

退任した後、六〇歳のフーバーはニューヨークにオフィスを構え、政治活動を続けます。評伝作家ジョージ・ナッシュは、晩年のフーバーを「自分の身の潔白を証明するための終わりのない探求に駆り立てられた男だった」と書いています。彼はソ連との冬戦争に見舞われたフィンランドに対して募金活動を行ない、救援物資を提供する支援活動を続ける一方で、ルーズベルトのニューディール政策、ヨーロッパの戦争への関与、そしてスターリンを連合国に引き入れたことなどを悉く《ことごと》批判します。しかし大恐慌を解決できなかった「敗者」である彼の意見に、耳を傾ける人は多くありませんでした。

この頃、彼をずっと支えてきた妻ルーが死に、翌年、ルーズベルトも亡くなります。

そして一九四七年、フーバーは復権を果たします。ハリー・トルーマン新大統領によって、二つの役職に任命されたのです。ひとつは第二次世界大戦後の世界秩序の安定のために、占領国の食糧事情を視察する任務（フーバー視察団）であり、もうひとつは、第二次世界大戦下で巨大化した連邦政府機構の支出削減・合理化を目的とした「政府行政機関の再編に関する委員会」（フーバー委員会）でした。

フーバー委員会の提言により、一九四九年に一般調達局（GSA）が設立され、一九三四年に設置されていた国立公文書室（NA）は、GSAの傘下におかれて国立公文書記録サービス部（NARS）と改称されます。この体制は一九八五年に再び独立して現在の国立公文書記録管理局（NARA）になるまで三五年にわたって続くことになります。

GSA設立は、陸海軍の統合による国防総省の設立などとともに、フーバー委員会最大の実績とされ、委員会は次のアイゼンハワー大統領によっても引き継がれました。

一九六四年一〇月二〇日、フーバーは享年九〇歳でニューヨークで亡くなっています。

【大統領文書と図書館建設】

大統領図書館前史

一七七六年のアメリカ建国以来、大統領が自分の書類、手紙、原稿などをどのように処分するかは、その大統領の自由裁量に任されていました。散逸したり、遺族に託されたものの高値で売却されたり、保存状態の悪さから判読不能になったものもあります。南北戦争中は多くの文書が持ち去られたり焼かれたりもしました。地元の歴史協会などによって大事に保管されていたのは、そのごくわずかな例外と言えるでしょう。

一九世紀に入ると、合衆国政府によって「失われた記録」を収集しようとする試みが始まりますが、これには労力と費用がかかりました。高額で買い取ったケースもあれば、管理者が手放さず、国に集約できなかった文書もありました。

一九〇三年、連邦政府はその時点で集まっていた歴代二二人の大統領の文書を、すべて米国議会図書館（LC）に集約します。それ以降、大統領たちはおおむね、退任すると自分の主要文書を議会図書館に納めるのが慣例となっていました。

フーバーは一九一九年、彼がまだ政治家になる前に、母校スタンフォード大学に五万ドルを寄付し、フーバー研究所（正式名称：フーバー戦争・革命・平和研究所）を設立していました。

彼は第一次世界大戦中をヨーロッパで過ごしていますが、その際に共産主義やロシア革命について膨大な資料を収集していました。フーバー研究所はそれらのコレクションを保管するだけでなく、アメリカのとるべき政治外交政策について研究するシンクタンクの役割を担うものでした。

発表文には以下のようにあります。

「この研究所は、単なる図書館ではなく、またそうであってはなりません。この研究所は、平和への道、個人の自由への道、そしてアメリカの制度的安全への道を、絶えずダイナミックに指し示す使命を持っています」

フーバーはこの頃すでに、政治への関心をかなり深めていたと言えるでしょう。その後大統領となると、彼は自分の公文書は議会図書館ではなく、ここに移送しようと決め、退任後は実際にそうしていました。

生家のある公園に図書館を建設

しかし一九四一年、ルーズベルトが大統領図書館を建て、また一九五五年に大統領図書館法ができてトルーマンやアイゼンハワーも図書館を持つと、フーバーは自分も後に続こうと決意します。

フーバー研究所の運営をめぐり、スタンフォード大が徐々に当初の保守主義から離れ、足場を中道路線に移しつつあったことに、フーバーが不満を抱いていた背景もあるとされます。

アイオワ州ウエスト・ブランチにあるフーバーの生家（二部屋だけの、小さなコテージ）は、すでに人手に渡っていましたが、フーバーがホワイトハウスを去って二年後、家族はこれを買い戻し、昔の姿に復元します。妻ルーの指揮のもと、一帯をフーバー公園として整備し、フーバーの父親が営んでいた鍛冶屋、クエーカー教徒たちの集会所、村で最初の小学校、釣りをして遊んだ川なども再現されます。フーバーはこの土地に、自分の大統領図書館を建てようとしたのです。

一九五四年に「フーバー大統領図書館協会」（現フーバー大統領財団）を設立すると、図書館建設のための資金調達が始められ、六二年、図書館が完成します。

フーバーの大統領退任後、足掛け三〇年にわたってスタンフォード大で保管されてきた大統領時代の記録、幼少期や退任後の個人的な記録類がここに移され、以後、政府の管理下におかれます。ただしフーバーが第一次大戦期間中に集めたヨーロッパの戦争と平和に関連する文書類だけは、同大のフーバー研究所にそのまま残されることになりました。

開館式はちょうど、フーバーの八八歳の誕生日でした。式典には、トルーマン元大統領や当時現職のリンドン・ジョンソン副大統領も出席しました。生誕の地に立ったフーバーは、自分が七七年前、わずか一一歳でこの町を発ったときの思い出を語りました。

「あの時、自分が持っていたのは着ている服と、そこに縫い付けられた一〇セント硬貨二枚だけだった。しかし私はこの町から一番大事なものを受け取っていた。ゆるぎない信仰、楽しい子供時代の思い出、そして家訓である勤勉さ。それらはこの町を離れた後も、ずっと私を支え続けた」

そして「大統領図書館には、アメリカ史の重要な記録がそのまま残されている。国民の献身と犠牲も、政敵による批判も、友による感謝や愛情も、熱いままに保管されている。この制度を作った議会に感謝したい」と述べました。大統領図書館を始めたルーズベルトはおろか、法制化したトルーマンにもアイゼンハワーにも一切触れず、「議会に感謝する」と語ったところに、九〇歳近くなってもまだ、わだかまりを捨て切れないフーバーが垣間見えます。

文書の整理が完了し、一般公開が始まったのは一九六六年、フーバーが亡くなって二年後のことでした。現在はほぼすべての文書が公開され、電子化も進められています。また三一九人の関係者に対して行なわれたインタビューもオーラル・ヒストリーとして保存され、文字起こしのテキストとともに提供されています。

一九六五年八月、多くの歴史的建造物を有したハーバート・フーバー生誕地公園は国定史跡となり、一九八一年には国立観光歩道にも選ばれています。

成功例となった特別展示と教育プログラム

フーバー図書館は一九八〇年代後半になると、来場者の減少に悩むようになりますが、その改革に乗り出したのが、八七年に館長に就任したリチャード・ノートン・スミスです。

彼は大統領図書館の展示はフーバーだけにこだわる必要はないと考え、初代ジョージ・ワシントンから第三九代カーター大統領まで、歴代すべての大統領の記念品を集めた「39 Men（三九人の男）」という特別展示を企画します。国立公文書館や他の大統領図書館の協力を得て、トーマス・ジェファーソンのシルクストッキング、ジョン・アダムズの赤ちゃん時代のガラガラ、ジェラルド・フォードのフットボールヘルメット、ロナルド・レーガンのカウボーイブーツといったものを一同に集めて展示したのです。この特別展示は好評を博し、他の大統領図書館にも貸し出され、以降、大統領図書館間での共同企画や、巡回展示を増やすきっかけとなりました。

またスミスは子供向けの展示も強化しました。子供たちが興味を持ちそうな展示品を増やし、解説を分かりやすくして、学校の生徒たちを呼び寄せました。この教育プログラムの開発も、その後の大統領図書館すべてが注力する分野となっていきます。

一九九二年には増築を行ない（八〇〇万ドルの費用のうち、五〇〇万ドルを政府が、残りをフーバー財団が負担しました）、一七八席あるオーディトリアムができました。そこではフーバーを描いたショート・フィルムを流したり、世界情勢や政治課題をテーマにした講演会を開催したりすることができます。こちらは逆に、フーバー図書館が他の大統領図書館から学んで取り入れた設備です。

各地の大統領図書館はこのようにして、一定の独立性を保ちながらもお互いの企画を学び合い、時には協力し合い、あるいは競い合って、施設や展示、プログラムの充実を図ってきています。ミュージアムは大統領図書館に入館料という収入をもたらすだけではありません。限られた研究者たちのためのアーカイブを一般に広く開かれたものにし、そこに何が収められているのかを周知します。それは得てして閉鎖的で硬直的になりがちな公文書館に新鮮な刺激をもたらし、時代とともに変化することを働きかける触媒の役割も果たすのです。

【ミュージアム訪問】

広大な国立公園

アイオワ州ウエスト・ブランチに行くには、まずミネアポリス経由でシーダー・ラピッズ空港に至り、そこからタクシーで三〇分ほど南下します。片側二車線の幹線道路に走る車はそう多くなく、両側には一面のトウモロコシ畑が続きます。いつも強い風が吹いていて、雲間から青空がのぞいたと思ったら、一〇分後には雨が降るという、天気の変わりやすさがこの土地の特徴だと運転手が教えてくれました（昨日は竜巻もあったから、今日で良かったねえ！と言われました）。

オープン当初、一一万平米だったハーバート・フーバー生誕地公園は現在、七二万平米まで拡張されています。広大な緑地地帯には初期の入植者が見ただろう風景が再現され、小川に沿ってピクニックやハイキングを楽しめるようにもなっています。

フーバー大統領図書館外観（2023年6月撮影）

そのなかにひっそりと、フーバー大統領図書館が建っています。平屋のこじんまりした石造りの建物で、エントランスを入ると、すぐ左手がオーディトリアムの入口です。

ここでは彼の一生をなぞった二二分のフィルムが上映されるはずなのですが、午前中の強風のせいでこの地域一帯が停電になっていて、電気が戻ったら知らせるから先に展示を見ていてくれと言われます。

そこで若き頃のフーバーと、年老いてからのフーバーの二枚の肖像画の間を通り、見学を始めることにしました。

最初は子供時代です。フーバーの子供の頃の生活用具や、彼を引き取ったオレゴンの伯父夫妻の写真があります。フーバーは五歳のとき、父親の鍛治屋で誤って素足のまま熱い鉄の上に乗り、ひどい火傷を負いました。彼は後年、その傷痕をいとおしんで「アイオワ印」と呼んでいたそうです。

スタンフォード大学での日々を紹介する展示室では、地質学を専攻するクラスメイトたちとともに測量器を手にしている写真があります。当時のノートや大学行事、大学対抗のフットボールの試合を告知するチラシもあります。若きルーの写真もあります。彼女はアメリカで地質学の修士号を取得した最初の女性の一人でした。

次にオーストラリアに渡った技術者フーバーの仕事、そして中国での義和団の乱が説明されます。籠城戦にはルー夫人も参加し、大砲に弾薬を詰める役割を担ったそうです。遠くから聞こえてきたアメリカ部隊の行進曲を、「人生で最も心を満たしてくれた音楽だった」とフーバーは回想しています。

夫妻でラテン語の技術書を翻訳

その後の一三年間、夫妻は二人の息子を連れて世界四〇か国を旅するのですが、展示室にはそのときに持ち歩いていたカメラや各地の記録が並んでいます。日本の人力車の写真もあります。ルー夫人の手による各地のスケッチも残されています。

長い船旅の間に、夫妻はラテン語で書かれた採掘のテキストを英訳しました。一六世紀半ばに金属の採掘、精製、製錬の方法をまとめた『デ・レ・メタリカ』と呼ばれる古典です。一九一二年に夫妻の名前で出版された英訳版が展示されています。

次の展示室では、第一次世界大戦勃発時の彼のアメリカ人救済活動が紹介されます。フーバーはスタンフォード時代やビジネスを通じて培った人脈を駆使し、二四時間でロンドンのサボイ・ホテルに五〇〇人のボランティアを集めます。そして九人の友人・知人たちと総額一五〇万ドルを出し合い、欧州にいた一〇万人以上のアメリカ人帰国を指揮しました。

ベルギーに対する食糧支援でも、彼の活躍は鮮やかです。小麦の精製工場、それを運ぶ船、各地のボランティアたちを短期間のうちに組織化し、救援を実現します。

米国民に訴えるポスターには、使用済みの小麦袋が使われました。小麦を運んだ後、回収された袋が学校や教会、アーティストたちに届けられ、そこに刺繡や絵が描かれて「ベルギーに食料を」というポスターとなっています。物資の不足していた時代に、アイディアの力で幅広い人々を巻き込んでいく才気と手腕を感じます。

一九二〇年にニューヨークタイムズが行なった調査では、フーバーは「いま生きている偉大なアメリカ人トップテン」の一人に選ばれました。

ロシア革命後の一九二一年、フーバーは今度はロシアや東欧一八か国に食料を提供します。各国にどう小麦を届けたのかのルートが、ヨーロッパ地図上で説明されています。「共産主義を助けるのか」という批判に対し、「政治家の議論を待っていたら二〇〇〇万人が餓死してしまう。

彼らの思想が何だろうと、飢えている人は助けなければならない」と彼は答えています。

子供たちに囲まれたフーバーの、はにかんだような笑顔が印象的です。フーバーというと、なんだかむっつりと恐い顔をしているイメージが私にはあったのですが、こんなにも柔らかく幸せそうな笑みを漏らすときがあるのだと知ります。

使用済み小麦袋を使ったポスター
(2023年6月撮影)

次の展示は「狂乱の二〇年代」です。ジャズ・エイジ、禁酒法、野球のベーブ・ルースやリンドバーグなどのヒーローたち、チャップリンやミッキー・マウスのハリウッド、フィッツジェラルドやヘミングウェイの文学、洗濯機、アイロン、トースターといった家庭製品や車（T型フォード）など、当時の世相を伝える展示品が並べられています。

ヒーローからスケープゴートへ

展示はさらに、ハーディング、クーリッジ両大統領の下で商務長官を務めたフーバーの足跡を辿ります。

この頃フーバーが取り組んだ仕事のひとつに、持ち家促進があります。工場や企業ビルの建設を禁じた「居住区」を設定し、そこで一般的なモデル住宅を作るとともに、自宅を安く改良して住みやすくする「ベターホーム」のコンテストを開催します。この試みは毎年、国じゅうで行なわれ、新築の建築費をそれまでの三分の一にした一方で、建築件数は五割増加させたとパネルは説明しています。当時の住宅不足を解消する画期的な政策でした。

またフーバーが一九二七年、ミシシッピ川の洪水に襲われた南部に即刻出向き、救済金を集める活動をしたことも紹介されています。こうして国民のフーバー人気は一気に高まり、彼は一九二八年の大統領候補となります。

次の展示室ではフーバーが圧勝した大統領選挙について解説されています。この時のフーバーのキャンペーン、大統領就任式、ホワイトハウスでの初期の日々など、株式暴落前のアメリカの姿を写真と新聞記事で辿ることができます。当時の新聞に掲載された挿絵は、フーバーの後をどこまでもついていく新聞記者たちを揶揄しています。

1928年の大統領選（2023年6月撮影）

フーバーは就任後、次々と改革を起こそうと計画していました。しかし世界恐慌の勃発が、彼のプランを吹き飛ばします。

世界恐慌についての展示は、まずそのメカニズムを説明するところから始まります。フーバーは何もせずに座っていたわけではなく、事態の深刻さを見て取ると、復興金融公社（ＲＦＣ）の設立、公共事業の前倒し、輸入品への高関税など、いろいろ手を打ってはいました。しかし「ひとつを手当すると、別のところが壊れる」負の連鎖が拡大し、事態は悪化の一途を辿っていきます。

フーバーの冷酷さの代名詞のように言われる退役軍人たちの扱いにしても、彼は早期の支払いを議会に求めていたのですが、すでに十分な赤字となっている財政状況を理由に、議会で予算が通らなかったことなどが説明されます。

すべてがうまく回らなくなり、国民のフラストレーションは頂点に達し、すべてはフーバーが無能なせい（「朝食べたリンゴが腐っていたら、それもフーバーのせい」）となじられるようになります。展示のタイトルは「ヒーローからスケープゴートへ」です。よく写真で目にする、押し黙ったまま感情を表に出さないフーバーがここにいます。彼にしてみれば、自分が起こしたわけでもない大恐慌の全責任を、なぜ自分が負わねばならないのかという理不尽な思いだったでしょう。しかし今は何を言っても国民が聞かないことを、彼はよく分かっていました。「民主主義は残酷な雇用主だ」と彼は述べています。

大統領の座をルーズベルトに渡したあと、彼はスタンフォード大学のそばに居を構え、しばらくそこでルー夫人と二人で過ごしますが、政治活動を再開させることにします。彼がオフィスとしたニューヨークのウォルドーフ・タワーズの一室が復元されています。出版した書籍の数々、トルーマン大統領のもとでの復権などが説明されます。

そして最後の部屋では、晩年、釣りをする等身大の彼の姿が再現されています。横には、生涯、

釣りをするフーバー（2023年6月撮影）

釣りを愛したフーバーの言葉があります。
「釣りは心を洗うことができる。澄んだ空気、小川のせせらぎ、青い水面に映る太陽の輝き。自然の品位からくる柔和さと感動、道具に対する慈愛、魚に対する忍耐、利益やエゴを笑い、憎しみを静め、今は何も決めなくていいのだという安心をもたらす。そして魚の前ではすべての人間が同じだという、人間の平等性を思い出させてくれる」
　さて、ようやく電気も復旧したようです。最後に彼の人生を辿る映像を見てから、ルー夫人とともに眠る墓地を訪れ、周辺の施設を見て回ることにしましょう。
　フーバー図書館のミュージアムには、いまも毎年三万人を超える来館者が訪れています。

2　フランクリン・D・ルーズベルト　図書館開館で民主主義の強さを示す

【来歴】

名家のサラブレッドとして政治家に

フランクリン・デラノ・ルーズベルトは、一八八二年一月三〇日、ニューヨーク州北部のハイドパークに生まれました。アメリカの独立戦争期から知られる名家で、幅広い事業と膨大な資産を有し、遠縁には第二六代大統領セオドア・ルーズベルト（在任1901―1909）がいます。

彼が生まれたとき父親ジェームズは五四歳で、すでに前妻との間に息子とその孫もいたのですが、二六歳年下のサラと再婚したことで、その孫より若い息子が生まれたのでした。

フランクリンは何不自由なく育ち、スイス人の家庭教師によって教育を受け、乗馬を楽しみ、夏はカナダの保養地カンポベロ島で一家そろって過ごすのが常でした。

全寮制の名門校グロトンを経てハーバード大学に進学しますが、その年に父親が亡くなると、彼を溺愛する若い母親は大学のそばに引っ越してきます。在学中は学生新聞『ハーバード・クリムゾン』の編集長として活躍し、卒業後はコロンビア大学ロースクール（法科大学院）に進みました。

一九〇五年、二三歳のときに二〇歳のエレノアと結婚します。エレノアはセオドア・ルーズベルトの姪にあたり、エレノアにとってセオドアは、幼くして亡くした父親代わりの「大好きな伯父さん」でした。結婚式ではセオドアが花嫁の腕をとっています。夫妻は五男一女をもうけます。

一九〇七年、ニューヨークの司法試験に合格して弁護士になると、一〇年には政治家の道に進みます。二八歳の若さで民主党の上院議員に当選した後は、海軍次官補に任命されます。彼の生涯にわたる海軍への愛情は、この頃に培われたと言われます。

その一〇年後、民主党の副大統領候補に指名された彼は、大統領候補のジェームズ・コックスとともに大統領選挙を闘います。結果は共和党のウォーレン・ハーディングの大勝でしたが、三八歳のルーズベルトは将来の大統領候補と目され、誰からも明るい前途を嘱望されていました。

ポリオとの闘いと復活

ところが翌二一年、いつものようにカンポベロ島の別荘で夏季休暇を過ごしているとき、彼は突然ポリオにかかり、これによって両足の自由を奪われることになります。当時、身体障害を持つことは政治家としての道を断たれるに等しいことでした。母親は国じゅうの医者を探し、彼自身も何とか回復の道を探しますが、足の麻痺が治ることはありませんでした。

自由に動けなくなった彼の代わりに、政治活動を活発化させたのはエレノアでした。彼女は演説会や政治集会、イベントなどどこにでも出向き、夫の政治生命が途絶えないよう奔走します。一九二四年、松葉杖でニューヨークの民主党大会に登場した四二歳のルーズベルトは、不自由な足で演壇に立ち、驚きと喜びに満ちた代議員たちの前で力強い演説を行ない、復活を印象づけます。

さらに四年後、彼はニューヨーク州知事に立候補して当選し、ついに念願の政界復帰を果たします。ポリオにかかってから七年の年月が経っていました。

一九二九年一〇月二九日、米国では株式市場の大暴落が起き、「狂乱の二〇年代」と呼ばれた豊かな時代が一瞬にして終わりを告げます。彼はニューヨーク州知事として、失業者支援、減税、公営電力会社の設立などを次々と行ない、動きの鈍いフーバー政権との違いを際立たせていきます。

三二年、民主党は彼を大統領候補にします。ルーズベルトは恐慌を乗り越えるためには積極的な国の介入が必要だと説き、国民の期待を一身に受けて圧勝しました。

ニューディール政策を支えた炉辺談話

一九三三年三月、五一歳で第三二代アメリカ大統領となったルーズベルトは就任演説で、「恐れるべきはただひとつ、恐れそのものだ」と語り、先行きの見えない不安にかられている国民を勇気づけました。

就任するとすぐ、「新規巻き返し」を意味するニューディール政策に着手し、一〇〇日で一五の法律を制定し、種々の新しい政府機関を誕生させます。アメリカ史上未曾有の政府による救済政策の数々は、古株の議員には不評でしたが、大衆には歓迎されました。

これには、ルーズベルトが国民に直接訴えるスタイルを重視したことの効果も大きいとされています。就任一週間後には「炉辺談話」と呼ばれたラジオ番組を開始し、国民に自分の政策や見解を分かりやすく語りました。これはルーズベルトへの信頼を醸成し、人気を支え、のちに世界大戦が起きてからは、アメリカ国民の重要な士気高揚策になりました。

一九三六年、ルーズベルトは再選を果たします。この年から就任式が、それまでの三月四日から一月二〇日に繰り上げられました。前回選挙では一一月に行なわれた大統領選から就任まで四か月も空いたことで政策執行が遅れ、経済危機を悪化させたというのがその理由でした。彼はアメリカ政治の伝統を変更することに、躊躇がありませんでした。

二期目のルーズベルトは、労働組合の団体交渉を認める法案に署名し、また大統領の指示を直接受けて動く大統領行政庁を設置して、ニューディールをさらに拡大していきます。

一九三九年九月一日、ナチス・ドイツがポーランドに侵攻した翌年、ルーズベルトは前人未到の三期目に出馬します。

アメリカでは、初代ジョージ・ワシントンが三期目を辞退したことから、大統領は二期までという不文律が引き継がれていましたが、ルーズベルトは戦時中であることを理由に、ここでもその伝統に挑んだのです（その後、一九五一年の憲法改正によって大統領任期は二期までと明文化され、彼は文字通り最初で最後の三期以上を務めた大統領となりました）。

八年間、ルーズベルトのもとで副大統領を務めたジョン・ガーナーは後年、政策をめぐって対立することが増え、みずから大統領候補として名乗りをあげましたが、民主党の予備選挙に勝つことはできませんでした。ルーズベルトは農務長官だったヘンリー・ウォレスを副大統領に指名し、選挙戦を勝ち抜きます。

四期目を果たして戦後処理へ

一九三九年九月、イギリスとフランスがドイツに対して宣戦布告を行ない、ヨーロッパは再び戦場となります。しかしアメリカ国民の大半は、ヨーロッパの戦争に関わることに否定的でした。ルーズベルトは国民感情を鑑み、ラジオ放送を通じてアメリカは中立を守ると宣言しますが、その一方で戦争への関与は避けられないと見て準備を進めます。

議会の承認手続きを経ずにイギリスに対するアメリカ海軍の駆逐艦貸与を決めるなど、その手法には批判も相次ぎました。しかしそれに対して彼は、緊急時にあっては合法性よりもその行為が正しいかどうかが判断基準になると答えます。

四一年一二月七日、日本による真珠湾攻撃が行なわれると、ルーズベルトは即刻、日本との開戦を発表し、その三日後にはドイツ・イタリアにも宣戦布告し、総力戦に突入しました。

戦時中は、イギリス、フランス、ソビエト連邦との間の不安定な同盟関係を切り盛りします。彼はイギリスのウィンストン・チャーチル首相と会談を重ね、連合国の完全勝利、枢軸国の無条件降伏を戦争方針として定めます。

一九四四年、ルーズベルトは四期目の大統領選に打って出ます。

一二年におよぶ政権期間中に、民主党はその支持基盤を大きく広げていました。特にニューディール政策によって職を得た労働者や黒人の多くが、この時期に民主党員になったとされます。しかし党員が増えた分だけ、党内の対立も深まっていました。現職副大統領のウォレスは国民の人気は高かったのですが、民主党の一部からは、彼の共産主義国家に対する態度が甘いとして強い批判を受け、候補から引きずり降ろされてしまいます。代わりに戦費の査定を確実に行なうなど、手堅い仕事で知られたハリー・トルーマン上院議員が副大統領候補に選ばれました。

ルーズベルトはすでに六二歳で健康状態を悪化させており、二〇〇ｍｍＨｇ前後の高血圧が続いていて執務に支障をきたすこともたびたびありました。万一のことがあった場合、副大統領が大統領となって戦争を終結させることになるリスクを考えた民主党は、人気の上ではウォレスより劣りながらも、「無難」なトルーマンに白羽の矢を立てたのでした。

一九四五年二月、四期目に当選したルーズベルトはヤルタに足を運び、イギリスのチャーチル、ソ連のスターリンと会って戦後処理について話し合います。そして第二次世界大戦の勝利を目前にした同年四月一二日、脳卒中を起こして急逝します。死亡日の血圧は三〇〇mmHgあったと言います。

苦しく難しい時代にアメリカの進むべき方向を示し、そのビジョンを分かりやすく国民に示し、信頼を勝ち得て国を率い、恐慌と戦争の時代から、アメリカを世界の一等国にしたフランクリン・ルーズベルトは、その後の歴史家からも高く評価され、「アメリカの最も偉大な大統領」を選ぶ調査では常に、ワシントン、リンカーンなどとともに上位に選ばれています。またその後の多くの大統領がルーズベルトを尊敬し、彼を大統領職の範としていたことでも知られています。

【大統領文書と図書館建設】

自分の図書館を建てる夢

ルーズベルトの在任期は、ニューディール政策や戦争を通して政府の役割が増大し、公文書の量が激増した時代でもありました。前任のフーバーが一日に受け取った手紙は六〇〇通だったのに対し、ルーズベルトのもとには一日六〇〇〇通が届いたとも言われます。また写真、音声、映像などの記録も飛躍的に増加していました。

彼は一九三四年に国立公文書室（NA）を設立し、行政文書の組織化に着手します。それまで各省庁でバラバラに管理されていた文書を、ひとつの体系のもとで適切に整理し、貴重な歴史記録を確実に残すとともに、後の政府や国民が、必要に応じてそれらに迅速にアクセスできるようにすることの重要性を彼は強調しています。初代長官にはロバート・D・W・コナーが任命されました。

ちなみにコナーの肩書きは、英語で「アーキビスト・オブ・ザ・ユナイテッド・ステイツ（AOTUS）」、つまり合衆国のアーキビスト（記録管理者）です。この称号は歴代の国立公文書館の長官にいまもずっと引き継がれていますが、いかにも国の記録管理の頂点に立つイメージがあって、カッコいいなあ！といつも思います。

一方、ルーズベルトは個人としてもかなりのコレクターで、自分が集めた膨大なコレクション（二万五〇〇〇冊の本、一二〇万枚におよぶ切手、一二〇〇近い帆船の模型、海や船の絵画や版画、オランダのタイルなどなど）も、いずれは故郷の実家に耐火建築物を建て、そこに保管したいと考えていました。

それ以前の大統領としては、フーバーがスタンフォード大学に文書を寄贈していたほかに、第一九代大統領ラザフォード・ヘイズ（在任1877―1881）がオハイオ州フレモントの自宅に個人図書館を作っていました。

ルーズベルトは、任命したばかりのコナー長官にヘイズの図書館を調べさせています。報告書で、そこにはヘイズの蔵書だけでなく、書簡その他、あらゆる記録が集められていることを知ると、「歴史家たちにとってまさに金脈のような総合的コレクション」だと感動します。

たとえばルーズベルトの生涯にわたる文書はその時期によって、母校であるハーバード大、勤務していた海軍省、ニューヨーク州歴史部、ニューヨーク市歴史協会などが保有しており、大統領時代の文書は、おそらく議会図書館の管轄下に入ります。しかし彼はこれらを全部ひとつの場所に集めたい、と望んだのでした。

彼自身がアマチュア歴史家だったことの影響もあったでしょう。また世界恐慌、政府による異例の経済政策、そして戦争の予兆と、激動の時代を生きているという自覚が彼にはあり、その記録をしっかり残しておかなければならない、という歴史的使命感もあったと思われます。彼の図書館構想はこうして、個人コレクションの保管から、彼の一生の記録をすべて集めることに主眼をおいたものに発展していきました。

私費で建てて公費で運営するというモデル

自分の図書館をどう建てるか、という問題に関しては、ルーズベルトはちょうどそのとき組上に上っていたナショナル・ギャラリーの創設にヒントを得ています。

一九三六年一二月、ロンドンのナショナル・ギャラリーを見て感動したアンドリュー・メロン（銀行家で元財務長官でした）は、母国アメリカにも同様の施設がほしいと考え、首都ワシントンに美術館を建設したい、と再選を果たしたばかりのルーズベルトに持ちかけます。その際、建設のための資金はすべて自分が出すから、その後は連邦政府によって運営され、一般に広く公開されるものにしたい、と語ります。この提案はそのまま、一九四一年のナショナル・ギャラリー・オブ・アートの創設となって実現しますが、ルーズベルトはこのアイディアを気に入り、自分の図書館もこの方式で建てようと決意します。

ただしルーズベルトが選んだ場所は、首都ワシントンではなく、自分の実家があるニューヨーク州ハイドパークでした（そこには母親の所有する広大な土地がありました）。

翌三七年、彼は友人の建築家ヘンリー・トゥームズを呼び、みずから描いた図書館のスケッチを見せています。そこでは、シンプルな玄関、ルーズベルトのお気に入りの絵画を飾るための壁などが細かく指示され、訪問者の見込みとして、「夏には一日三〇〇〇人」と記されています。歴史家に資料を残すというだけでなく、一般人に広くコレクションを見てもらいたい、という希望を彼が持っていたことが分かります。

また彼は、どうして議会図書館や公文書室では駄目なのかも語っています。議会図書館はプロセスが遅くて人々の迅速な資料へのアクセスを保証できないし、公文書室では私的文書を扱えない、というのが彼の理屈です。また戦争のリスクが近づいてきているときに、重要な文書をワシントンDCに集中させるのは危険であるとも指摘しています。

研究者のために文書を保存して無料で利用できるようにする「アーカイブ」と、一般を対象とした展示で入館料をとる「ミュージアム」とを持ち、合わせて「ライブラリ」と呼ぶ、というコンセプトもルーズベルトが決めました。

大統領図書館の開館

一九三八年、「フランクリン・D・ルーズベルト図書館会社」（現ルーズベルト協会）が設立され、二万八〇〇〇人から四〇万ドルの献金が集まりました。

一九三九年七月、米国議会は「私費で建てて公費で運営する」というルーズベルトの提案を承認し、ここに最初の大統領図書館が誕生することになります。

竣工式のスピーチで、ルーズベルトは彼のもとに毎日、国民から届いている数多くの手紙に触れ、そこに語られている彼らの生活、苦労、意見のすべては、自分にとって公職にある人からの文書以上に大切なものだと語り、それらがすべて貴重な歴史資料として図書館に納められることを告げました。大統領図書館は大統領個人のものではなく、すべての国民のものであるというメッセージでした。

一九四一年年六月三〇日、ルーズベルトの三期目に、図書館は開館します。海の向こうのナチス・ドイツでは焚書が行なわれ、図書館が焼かれていました。この時期にみずからの図書館を開くという行為は、ルーズベルトにとって、専制国家に対する民主主義の正しさと強さを世界に示す意味も持っていました。

図書館を開館するとは、「私たちが生きてきた時代、今生きている時代、そしてこれから生きていく時代の物語を提供する」ことなのだと彼は語り、それはつまり、「過去を信じ、未来を信じ、何より国民が、みずからの手で未来を創造するために必要な判断力を、過去から学び得ると信じる」ことなのだと述べています。

半年後の参戦が、すでに射程距離に入っていた時期でした。

とはいえアーカイブに関しては、ルーズベルトは慎重に自分で精査し、国の安全保障に関する資料などは省かなければと思っていました。しかし突然の死がそれを不可能にします。

一九四五年四月、彼が急逝すると、六〇〇万件におよぶ資料の大半が未整理の状態で遺されることになりました。

これを整理したのが、初代図書館長フレッド・シップマンと、大統領顧問を務めたサミュエル・ローゼンマン、個人秘書のグレース・タリーです。三人はそれから五年をかけて、国立公文書室の援助も仰ぎながら、文書整理を進めていきます。

一九五〇年三月、国益を損なう恐れがあると判断された文書、個人の履歴書・推薦状・調査書などが省かれ、全体の八五％に相当する資料が開示されるに至りました。

九〇年代に行なわれた改革

ルーズベルト図書館はその後、ルーズベルト政権時代の多くの閣僚や顧問からも文書の寄贈を受け、蔵書を拡大させています。また一九七二年には、その一〇年前に亡くなった妻エレノア（彼女は初代の国連代表も務めた政治活動家でした）の関連文献などを保管・展示するための別棟が追加されました。

九〇年代半ばには、当時の館長ベルヌ・ニュートンによって大きな改革が行なわれます。開館後半世紀を経て、ルーズベルトを直接知らない戦後生まれが増えてきていました。新たな訪問者たちには、ルーズベルトの帆船コレクションより、彼の生きた時代の説明が必要でした。当時のニュース映像や、生活品がコレクションに加えられました。

またルーズベルトの決断に疑問を投げかけるような展示も増やされました。ニューディール政策は本当に効果があったのか、戦時中アメリカに住む日系人を強制収容する必要はあったのか、なぜ多くのユダヤ人難民を助けなかったのか、スターリンに対して進んで東欧を与えたのではないか、などの疑問に対して、複数の歴史家の視点を示し、多角的な見方を喚起させる展示が試みられました。

戦時中のルーズベルトの判断について学ぶプログラムも開発され、地元の小中学生だけでなく、ウエスト・ポイントの陸軍士官学校の学生たちにも資料が提供されています。

【ミュージアム訪問】

広大な丘陵地にたたずむ石造りの館

ルーズベルト図書館のあるハイドパークは、ニューヨーク・マンハッタンから二時間程のところにあります。グランドセントラル駅からハドソンラインに乗り、ハドソン川の流れを左に見ながら北上して終点のポキプシー駅で降りたら、そこから路線バスまたはタクシーで緑豊かな丘陵地帯を三〇分ほど走れば、ビジターセンターの目の前に到着です。

ここで一帯の地図をもらいます。一二万平米の広大な土地に、図書館や彼の生家、馬屋や温室、倉庫、夫妻の墓などが点在し、西のほうには、エレノアの別宅などもあります。フーバーの場合と同様に、いまやこの地区全体が国立公園に指定され、連邦政府の資産として管理されています。お目当てのミュージアムは、ビジターセンターのすぐ裏手です。

周辺が広すぎるせいか、一見こぢんまりと見えるのですが、この外見に騙されてはいけません。なかは思いのほか広くて地階もあり、二六の展示室は見ごたえ十分。びっしりと詰まった情報を長い時間をかけてゆっくり消化していくような、濃密なミュージアム体験の始まりです。

大恐慌の最中に希望を約束して大統領に

入るとすぐに、大恐慌に見舞われた当時の状況を描く七分の映像作品を見ます。数年前の好景気が嘘のように転じ、銀行は破綻し、四人に一人が失業したという一九三二年のアメリカ。通りは荒れ、家を失った人々が座り込み、絶望が社会を覆います。退役軍人たちのデモ、フーバー大統領に対する不満の鬱積。そこに、「変化の約束」を旗印にルーズベルトが大統領候補者として登場するところまでが描かれます。

シアターを出ると、そこは「一九三二年大統領選挙」の展示室です。キャンペーン・グッズの数々、これに触ると幸せになれると言われたルーズベルトの帽子。壁に広がる何枚もの大きな白黒写真が、ルーズベルトに群がった人々を写しています。なぜ大恐慌が起きたのか、最近の研究や論説もインタラクティブな画面で解説されます。

次は「就任式」です。ここにも当時の大きな白黒写真と、それを説明したパネル。就任直後にフロリダ州マイアミで暗殺されそうになったという事件も紹介されています。

次の展示「公職への道」では一転して、ルーズベルトの幼少期に焦点があてられています。由緒ある家柄、恵まれた生活、家庭教育、ハーバードでの学生時代、エレノアとの結婚など、将来を嘱望され順風満帆だった若きルーズベルトの姿が写真とともに描かれます。

ルーズベルト大統領図書館入口(2022年9月撮影)

そして「ポリオとの闘い」。ここでは六分の映像作品が流れます。下半身の麻痺を克服し、誰もが無理と思っていた政界復帰を果たすまでの七年間の闘いの記録です。大統領時代、メディアには決して映させなかったという、車いす姿のルーズベルトもいます。「この病気が彼を強くした」と妻エレノアが語り、ルーズベルトの声がそれに応えます。「毎日、足の指を動かすことだけに集中して二年も病床で過ごしてごらんよ、大抵のことは耐えられるようになるさ」

ニューディール政策と炉辺談話

展示は、大統領となった彼の政策に移ります。まずは「ニューディール」です。破綻銀行の救済、禁酒法の廃止、公共事業拡大、農業調整、市民植林隊など、次から次へとルーズベルトが繰り出した、アメリカ復興のための政策や政府機関の情報が満載です。

ニューディール政策は大恐慌をむしろ長引かせ、連邦政府を必要以上に肥大化させたという保守派からの批判や、人道的救済のもとでも黒人が差別的に扱われていたという指摘も紹介されています。

隣には、炉辺談話を聞く一角が用意されています。当時の一般家庭の居間が再現されており、見学者はそこに座って、ラジオを通して語られるルーズベルトの声を聞くのです。「今日はここ二、三日のあいだに私が経験したことを話そう」。彼の低く深い声は温かくて思いやりに満ち、聞く者に安心と希望を与えます。「道徳的なリーダーシップを発揮することも大統領の仕事だ」

としたルーズベルトですが、厳しい時代に、一方では大胆な政策を打ち出しながら、もう一方では、こんなに優しい語り口で国民を精神的に支えていたのだということが分かります。

大統領図書館の創設について説明されたコーナーもあります。手書きのスケッチや、開館時の報道映像、その後の発展などが展示されています。

奥にはルーズベルトの書斎があります。これは復元ではなく、図書館開設当時からここに置かれて、実際にルーズベルトが使っていた部屋です。図書館ができたのは三期目の初めでしたが、彼はその後の多くの時間を、ワシントンにあるホワイトハウスではなく、ここで過ごし、世界大戦中もここで執務を行なったり、チャーチルと会ったり、炉辺談話の録音もしたと言います。

居間のセットで炉辺談話を聞く見学者
(2022年9月撮影)

ルーズベルトの車椅子が置かれ、傍らには彼に大きな影響を与えたとされる母親の肖像画が飾られています。今でいう在宅勤務のようなイメージでしょうか。厳しい時代のかじ取りを、こんなにも豊かな緑に囲まれた自分の図書館からやっていたというのは、少し意外な気がします。あるいは難しい時代だったからこそ、心の平静を保てる、この環境が彼には必要だったのかもしれません。

世界大戦から突然の死へ

さあ、次はいよいよ「戦争」展示の始まりです。一九三九年からのドイツや西欧諸国の状況、米国内の議論、参戦、チャーチルとの同盟などが五つの展示室にまたがって細かく解説されていきます。ルーズベルトがナチス・ドイツのポーランド侵攻の報告を受けたときにベッド脇で書いた走り書き、原爆開発の可能性を説くアインシュタインの手紙、真珠湾攻撃を受けた翌日の米国議会演説のドラフト、チャーチルと交わした手紙などなど、息を呑むような世界史の生きた証拠のオンパレードです。

私の隣に立った青年が、「昨日はここの途中で閉館になったから、今日はここからなんだ」と苦笑いしていました。ひとつひとつの展示品とパネルを丁寧に読んでいたら、それは確かに一日じゃ足りません！　入場チケットが二日間有効となっているのは、こんな見学者が多いためかもしれません。

デジタル画面で個別トピックを深掘りすることもできます。たとえば日系アメリカ人の抑留、ホロコースト（ユダヤ人虐殺）への無策などは、それぞれ展示の前に端末が用意されていて、興味があれば、そこでじっくりとデジタル化された当時の写真、資料、後の批判の論点などを読んでいくことができます。日系人向けに貼り出された日本語の「命令文」などは、やはり日本人にとっては、強烈なインパクトがあります。

一階部分はここまでです。階段を使って地下に降りると、そこは「戦争末期」です。四期目の選挙、ノルマンディ上陸、原子爆弾の製造、テヘランとヤルタ会談、国連の設立などの説明が続きます。

ここにはマップルームもあります。第二次世界大戦中、ホワイトハウスには戦略策定や戦況把握のために地図を集めた特別室が設置され、そこには七つのキャビネットに満杯の地図がありました。またカイロやヤルタなど、外国で首脳会談に臨んでいる大統領に戦況を伝える電文も、この部屋から暗号化されて送られ、マップルームはホワイトハウスの交信拠点ともなっていました。当時の地図が現在はデジタル化されて、展示室の四つのスクリーンに映し出されています。

そして突然の死が訪れます。壁一面に貼られているのは、当時の新聞記事や、ルーズベルトを失って嘆き悲しむ人々の写真です。

日系人抑留パネルとデジタル画面（手前）
（2022年9月撮影）

次の部屋では、ホワイトハウスでルーズベルトが使っていた机がガラスケースに収められています。壁には彼が守った四つの自由（言論の自由、信教の自由、欠乏からの自由、恐怖からの自由）が大きな文字で書かれ、彼が求めたものをもう一度、心に沁み込ませる時間をくれます。

FBIのエレノア・ファイル

その奥は、七二年に増設された妻エレノアの展示室です。

エレノアは夫のために選挙活動を行ない、世界恐慌や第二次世界大戦の際には兵士を慰問して回り、マイノリティの権利のためにも活動しました。また一九四五—五三年には、設立されたばかりの国際連合にアメリカ代表として参加し、人権委員会委員長として世界人権宣言の起草に尽力するなど、一般的なファーストレディの枠を超えた社会活動家でした。

驚いたのは、ＦＢＩが集めていたというエレノア・ファイルのキャビネットです。エレノアを共産主義者ではないかと疑ったＦＢＩは、一九二四年から彼女が死ぬ六二年まで、実に四〇年近くにわたって彼女の情報を集めていました。ガラスケースのなかに納まっている他の展示品とは違い、このキャビネットだけは部屋の中央に無造作に置かれ、来館者が自分で開けてなかのファイルを自由に取り出して見られるようになっています。すべて市民からの根拠のない通報なのですが、一枚一枚の実際の告発文を手に取って読むのは、息をするのが苦しくなるような経験です。

展示室の最後に、特別仕様の一九三六年製フォード車が置かれています。足に麻痺があった大統領のために、すべてのコントロールを手でできるように設計された特別車です。走行距離記録は三万キロあって、ルーズベルトに愛用されていたのが分かります。

そこから続く長い廊下の両側は、彼が集めた船の模型、家具や絵画、彫刻、書籍などの保管室になっています。ルーズベルトの現役時代の図書館は、まさにこれらのコレクションが主役だったわけですが、今は倉庫の棚に所狭しと並べられている状況を、ガラス越しにチラ見せするだけになりました。

ようやくミュージアムを出ると、分厚い全三巻の本を読み終わったような、ずっしりした気分です。

余韻に浸りながら裏側のバラ園に歩いていくと、そこにルーズベルト夫婦の墓があります。真っ白な大きな大理石にはもう、説明書きはありません。ひっそりとした佇まいに吹く風が、ほてった気分を鎮めてくれます。

ルーズベルト図書館のミュージアムには、いまでも年間十数万人の来館者があり、開館から八〇余年にわたる累計訪問者数は一二〇〇万人を超えました。

3　ハリー・S・トルーマン　見学者に考えさせる教育的プログラム

【来歴】

政治家や軍人の伝記を愛読した少年時代

ハリー・S・トルーマンは、一八八四年五月八日、ミズーリ州の田舎町ラマーで父ジョンと母マーサの間に生まれました。家は農家で、ハリーの下には弟と妹がいました。

一八九〇年、一家はミズーリ州インディペンデンスに移り住み、六歳になったハリーは、ここで学校に通います。本が大好きで、町の図書館の本は全部読んだと豪語しています。特に南北戦争時代のロバート・リー将軍やリンカーンの伝記は愛読し、自分もいつか歴史に名を残す一人になりたいと夢見ていました。

またこの町の教会で、彼は将来の妻、ベス・ウォレスに出会っています。彼女は町の資産家の娘で、ハリーの家から歩いて五分ほどの場所に住んでいたのですが、家は写真で見る限り、ハリーの貧相なボロ家とは比較にならないくらいの邸宅でした。

一九〇一年、ハリーは高校を卒業したものの大学に進学するお金はなく、陸軍士官学校への進学も、近視がひどかったために叶いませんでした。家の農場で働くかたわら、鉄道員、銀行員、州兵の予備役などの職を転々とします。一九一四年に父親が亡くなってからはカンザスシティに出て、民主党の州本部にも出入りしています（ちなみにカンザスシティというとカンザス州の州都と思われがちですが、実際はカンザス、ミズーリの両州にまたがった町で、中心部はむしろミズーリ側にあり、ミズーリ州の州都です）。

一九一七年、米国が第一次世界大戦に参戦すると、トルーマンは州兵となり（視力検査表の文字を暗記して近眼をごまかしました）、そこから陸軍の士官となります。フランスのアルゴンヌ攻防戦では砲兵部隊を指揮しました。

二年後、生きてインディペンデンスに戻った三五歳のトルーマンは、長年の想い人だったベスとようやく結婚します。その後、一人娘のマーガレットが生まれました。同時に友人と新たに紳士服を売るビジネスを始めるのですが、失敗に終わることになります。

五〇歳で上院議員に

カンザスシティの民主党有力者トム・ペンダーガストと親しくなったことが、トルーマンの新しい人生を拓きました。一九二二年、ペンダーガストの助けで、三八歳のトルーマンはミズーリ州ジャクソン郡の行政官になります。ここで彼はその後一〇年以上働き、実際の政治と行政を学びながら、正確な仕事ぶりで着実に評価を高めていきます。

一九三四年、ペンダーガストはトルーマンをミズーリ州の上院議員として推薦します。すでに五〇歳になっていたトルーマンは、彼の後ろ盾を得て選挙に勝ち、夢にまで見た「ひとかどの人間」となりました。トルーマンは後年、上院議員だった一〇年間を、人生で一番幸せな時代だったと回想しています。「上院議員として評判を得たい。影響力を持ちたいとは思わない。でも正しいことをしたい」と彼は書いています。

上院時代は、ルーズベルト大統領のニューディール政策を支持し、第二次世界大戦が始まってからは、軍の無駄をチェックする委員会を率います。高等教育を受けていない彼が、長年の経験と緻密な分析力で取引業者の不正を見つけ、無駄を削り、党内の信望を得ていきました。

一九四四年、前例のない第四期に立候補しようとしていたルーズベルト大統領は、副大統領候補探しに苦慮していました。

現職の副大統領はヘンリー・ウォレスでしたが、その進歩的なイデオロギーと親ロシアの態度は一部の民主党員に問題視され、ウォレスがルーズベルトの後を継ぐようなことがあれば、民主党は分裂するだろうと言われていました（実際に、この四年後の大統領選で民主党は分裂します）。ルーズベルトには党内をひとつにまとめられる候補が必要で、温厚で真面目なトルーマンは敵も少なく、手堅い選択肢と言えました。

トルーマンはある日、ルーズベルトの選挙運動委員長であるボブ・ハネガンから呼び出され、副大統領候補になるよう迫られます。それまでにトルーマンは、一度しかルーズベルトと話をしたことがありませんでした。トルーマンが固辞すると、ハネガンはそこからルーズベルトに電話し、話を聞いたルーズベルトは電話口で怒鳴ります。「戦争の最中に党が割れたら、それは彼の責任だと伝えろ」。罵声に恐れ入ったトルーマンは仕方なく、副大統領候補になることを受け入れました。

就任三か月でいきなり大統領就任

こうして一九四五年、六〇歳のトルーマンは四選を果たしたルーズベルトの副大統領となりました。しかしその期間はあっという間に終わりを告げます。同年四月一二日、大統領が急死し、その日の夜七時に、トルーマンは準備も整わないまま、第三三代アメリカ大統領に就任しました。米国史上、大卒の学歴を持たない最後の大統領です。

トルーマンは外交経験が全く無い上に、ルーズベルトから戦争の詳細について何も聞かされていませんでした。大統領に就任して初めて、ヤルタ会談での秘密協定と新型爆弾（原子爆弾）の存在を知ることになります。

就任二週間後には、国際連合の第一回会合が始まり、そのまた二週間後にはドイツが降伏します。彼は「月と星と惑星がいっぺんに降りかかってきたような状況」のなかで、副大統領不在のまま、一日一八時間働き、次々と重要な決断を下していきます。

難しい決断のなかには、広島・長崎への原爆投下もありました。後にトルーマンは、この最終決定を自分が下したこと、そしてそれを後悔していないことを語っています。しかし広島に民間人が住んでいるという事実も、原爆投下に反対する七〇人の科学者たちの署名も、トルーマンには知らされていなかったことが現在は判明しています。限られた情報と限られた時間のなかで下された、重大決定でした。

戦争終結後、アメリカはかつてないほどの力と責任を持つ世界のリーダーとなりました。

トルーマンはその後も、同盟国との戦後処理の協議、戦後の経済減速への対応、ユダヤ人国家イスラエルの承認、ソ連のベルリン封鎖への対抗、NATO（北大西洋条約機構）の設立などを手掛けます。政府の機構改革にも取り組み、国防総省（DOD）、国家安全保障会議（NSC）、中央情報局（CIA）も創設しました。

トルーマンは情報の収集と分析に長けた人でしたが、一方で臆さずに大胆な決断に踏み切ることもある人でした。軍隊における黒人の待遇を白人と同等にしたり、イスラエルの国家を承認したりすることには、国内だけでなく政権内にもかなり大きな抵抗がありました。前者については第二次世界大戦の英雄アイゼンハワーが疑問視し、後者は陸軍参謀総長から国務長官となったジョージ・マーシャルが強く反対しています。しかしいったん決断するともう微塵も揺らぐことなく、それを押し通します。

「責任は私がとる（The buck stops here）」が座右の銘でした。彼の判断の多くは、当時よりも、むしろ時代を追うごとに評価されるようになっています。

シビリアン・コントロールは不人気

一九四八年、トルーマンは再選をめざします。彼は社会保障の拡充、公民権推進などを政策に掲げて民主党の指名を獲得しましたが、南部の民主党保守派（ディキシークラット）はこれに反発し、独自候補を立てます。一方で、ルーズベルトの三期目に副大統領を務めたヘンリー・ウォレスもまた進歩党（プログレッシブ）を従え、独自に立候補します。

民主党が三つに分裂したこの選挙では、誰もが共和党の大統領候補、トーマス・デューイの勝利を確信していました。トルーマンは全米の町という町をくまなく汽車で訪れ、精力的に演説をして回ります。当時を知る人は、余裕のデューイがまるで現職で、トルーマンが挑戦者のようだったと語ります。そして奇跡的に、この四つ巴の選挙を制したのでした。

選挙の翌朝、シカゴ・トリビューン紙は「デューイ、トルーマンを破る」の歴史的大誤報をでかし、トルーマンがこの見出しを掲げて大笑いする写真が有名です。

二期目のトルーマンは、さらなる問題に直面しました。

中国は共産党政権を樹立し、ソ連は核実験を成功させます。一九五〇年には朝鮮戦争が勃発し、共和党のジョセフ・マッカーシーは政府内に多数の共産主義者がいると言って「赤狩り」旋風を巻き起こしました。

司令官ダグラス・マッカーサーは、北朝鮮を背後から支えている中国に宣戦布告することを主張しましたが、トルーマンは戦線が中国、ソ連へと拡大していくことを恐れ、これに反対の立場をとります。それでも中国への侵攻を声高に唱え、核兵器を使うことさえ口にするマッカーサーを、トルーマンは解任します。

今でこそ「シビリアン・コントロールの模範例」ともされるマッカーサーの解任ですが、中国に対して弱腰であるとして、当時のアメリカ国民には不人気でした。結果的にトルーマンの支持率は二六％にまで落ち、彼は三期目の立候補を諦めます。

一九五二年、民主党はイリノイ州のアドレー・スティーブンソン知事を大統領候補に指名しましたが、彼は結局、共和党のドワイト・アイゼンハワーに敗れることになります。

その後、トルーマンは故郷のインディペンデンスに戻って、残りの日々を過ごし、一九七二年のクリスマスの翌日に、八八歳で亡くなっています。

ベス夫人は一九八二年、九七歳まで生きました。一人娘のマーガレットは作家となり、父の評伝を残していますが、彼女も二〇〇八年に八三歳で亡くなります。いまは三人一緒に、インディペンデンスのトルーマン大統領図書館の中庭で眠っています。

【大統領文書と図書館建設】

大統領文書の管理法を定める重要法案

多くの知識を独学で身に着け、特に歴史書から多くを学んできたトルーマンは、大統領文書の重要性、それが後世の人々に読まれ、国の将来のために役立てられていくことの意味を理解していました。「すべての読書家がリーダーになれるわけではないが、すべてのリーダーは読書家でなければならない」と彼は書いています。

一九四九年、一般調達局（GSA）が設立され、国立公文書室（NA）は国立公文書記録サービス部（NARS）となって、その傘下に入ります。これ以降、すべての政府文書は他の連邦財産と同じく、GSAを通して調達、利用、処分されることになりますが、翌五〇年、「連邦記録法」が成立すると、ここに大統領文書も加えられます。「議会も裁判所も記録を残しているのに、大統領文書だけがきちんと管理されていないのはおかしいだろう」とトルーマンは述べています。ただし大統領文書だけはその特殊性から、大統領自身がアクセス制限を設定できるように定められました。

NARSの三代目長官ウェイン・グロバーは当初、大統領文書の八割にあたるセントラル・ファイルはワシントンDCにある他の行政文書と一緒に管理することが望ましいとし、トルーマンが今後、個人図書館を建てることがあったとしても、そこには秘書官などが作成した残り二割の文書のみを持っていく案を考えていました。

しかしトルーマンはこの考えに抵抗します。彼は退任後に回想録を書きたいと思っていたのですが、彼にとってはすべての文書が分かちがたく混ざっていて、全資料が手元にあることが大切でした。また文書をいったん手放してしまうと、いくらアクセス制限を付けているとはいえ、彼の意向が正しく守られるとは限らないことを恐れてもいました。

最終的にグロバーは妥協し、トルーマンの意向を反映した大統領図書館法を起草します。ルーズベルト図書館はあくまで、ルーズベルトの個人的願望を議会が承認する形で実現したものでしたが、新たな法案は、今後、すべての大統領に適用されることが想定されていました。グロバーは、政府に文書を引き渡すことをあまり強調しすぎると、むしろ重要文書が寄贈されなくなることを恐れ、それよりも大統領の好きな場所に文書を置くことを許したほうが、貴重な資料を後世に残す道を確保できると判断したのでした。

故郷インディペンデンスで図書館建設

トルーマンは、自身の図書館については、一九四五年七月、まだ大統領に就任して三か月の時点で、カンザスシティ博物館の責任者R・B・ホワイト氏から手紙を受け取っています。同博物館の追加施設としてハリー・トルーマン・ルームを創設しようという提案でした。

彼はホワイトを訪ね、実際にこの件について話し合っていますが、結局は断ります。「自分は祀られたいわけではない」、とトルーマンは語っています。

その後しばらくこの件は立ち消えになっていたのですが、四九年一月、四つ巴の選挙に勝って、みずからの力で大統領に就任すると、将来の図書館建設についての検討が本格始動します。

彼はルーズベルトの「民設公営」モデルを踏襲することを決め、翌五〇年、建設費を調達するための「ハリー・トルーマン図書館会社」（現トルーマン図書館協会）を立ち上げますが、地元以外から集まる寄付は、残念ながら多くはありませんでした。しかもルーズベルトの場合は母親の土地がありましたが、トルーマンの弟と妹は、グランドビューにある「せっかくのいい農地」を手放すのを嫌がります。

資金調達も、土地探しも、肝心の大統領図書館法の議会成立も見通せないまま、五二年、トルーマンは退任を迎えます。彼は図書館の命運が気になって夜も眠れない、と側近に打ち明けています。

インディペンデンスの市長で、彼の長年の友人でもあるロバート・ウェザーフォードが、市の公園と、周辺の土地を合わせて五万平米を用意できると連絡してきたのは、トルーマンが退任して二年後の春です。そこは彼の育った家から二キロほど北にある丘の上でした。トルーマンは飛び上がって喜びます。

地元の建築家が選ばれ、翌五五年五月、トルーマンの七一歳の誕生日に、図書館の建設が始められ、インディペンデンス市によって周辺道路も整備されました。同時に大統領図書館法もついに議会を通ります。五七年二月、トルーマンはこの法律の最初の行使者となりました。

ミュージアムの展示改革

五七年七月の図書館の開館には、ハーバート・フーバー元大統領、エレノア・ルーズベルトなどがお祝いに駆け付けました。

トルーマンはこの図書館をよほど気に入ったとみえ、それからの一〇年間、毎日背広を着て図書館の一画に設けた自分のオフィスに出勤し、ここで人と会ったり（アイゼンハワーやケネディも来訪しています）、回想録の執筆にいそしんだりしました。

時には来館者たちを入口で出迎え、特に子供たちには、みずから館内を案内したりもしました。早朝、まだ誰も出勤していないときに自身で電話をとり、開館時間を伝えたり、質問に答えたり、応対した後で自分の身元を明かして、電話の主を驚かせたりもしたようです。

七二年に亡くなると、それまでトルーマン自身の手元に置かれていた大統領時代の秘密情報や手書きメモなどが大量に政府に寄贈されます。さらにその一〇年後、ベス夫人が亡くなると、今度は夫妻の間で交わされた手紙など、個人的な記録がすべて、図書館に届けられます。

それらはトルーマンの人生を鮮やかに描き出すものでした。多くの研究者が驚き、連日のように図書館に通い、ピューリッツァー賞を受賞したデービッド・マカルーの『トルーマン』（一九九三年）を始め、数多くの評伝が発表されました。それまでトルーマンに注目する学者はあまり多くなかったのですが、こうして再評価の動きが高まり、今では最も魅力的な大統領の一人に数えられています。

その後、資金提供を渋っていた連邦政府も八〇〇万ドルの資金を拠出することに同意し、民間からの追加寄付も得て、九四年、図書館は改築工事に入ります。

翌年、再開した図書館では、新館長に就任したラリー・ハックマンによって、展示の大改革が行なわれました。ハックマンは、人々に考えさせるような展示を増やしたのです。

第二次世界大戦の終結、マッカーシー旋風、朝鮮戦争、東西冷戦など、トルーマンは数々の重要問題に直面しています。これらに焦点をあて、トルーマンの決断と、それに対する賛否を引き合せ、より多角的でバランスのとれた展示内容を作り上げました。

二〇〇四年、トルーマン図書館協会は、トルーマン図書館を「民主主義の教室」とするプロジェクトを立ち上げ、展示のさらなる見直しを行なっています。来館者が追体験したり考えたりできるような様々な工夫が凝らされ、その革新的な挑戦は、大統領図書館のなかでも屈指の高い評価を受けています。

【ミュージアム訪問】

トルーマンの町を歩く

トルーマン図書館のあるインディペンデンスは、カンザスシティ国際空港から東に五〇キロほどのところにあります。この町は一九世紀半ばは「西部への入口」として知られ、テキサスやカリフォルニア、オレゴンといった開拓地に出ていく入植者たちの中継地として栄えました。

しかしいまでは何よりも、トルーマンの町として知られます。特に「トルーマン歴史地区」と名づけられたエリアでは、道のあちらこちらに小さなプレートが埋められていて、ここにはトルーマンの家があった、ここは従兄の家、ここは友人の誰それの家、といった説明書きを読むことができます。妻ベスが子供の頃よく登っていた樫の木、ブリッジゲームを楽しんだ場所、晩年のトルーマンが愛でていた公孫樹《いちょう》の大木にもトルーマン印が付けられています。

夫婦が住んだ家は、現在見学することができます。ここはもともと妻ベスの祖父母の家でしたが、彼女は高校時代に父を亡くし、この家に母親と二人で住んでいました。貧しかったトルーマンは結婚後、この家に入り、彼を見下して二人の結婚に猛反対していた姑と一緒に暮らしました。大統領を退任した後もここに戻り、晩年を過ごしています。

町のボランティアによる家の見学ツアーを楽しんだあと、私も彼が通った道をそのまま辿るようにして図書館に向かうことにしました。広い道幅の両脇には木造の一戸建てが並び、大小の

トルーマン大統領ミュージアム入口（2023年6月撮影）

木々が茂り、鳥たちが鳴いて、時間がゆっくりと流れていきます。

目指す図書館を遠くに見ながら少し丘を登ります。メインの入口はいま、閉じられているので、それを横目に建物の西側に回ると、トルーマンの銅像が笑顔で迎えてくれました。

なかに入るとまず三分ほどの短いニュース映像を見ます。一九四五年一月副大統領就任、二月硫黄島、三月東京大空襲（空からみた焼野原の東京の映像が流れます）、四月さあいよいよ戦争は最終段階へ、となったところで突然音声が途切れ、ルーズベルト死亡の緊急ニュースが飛び込みます。国じゅうがショックを受け、精神的支柱を失い、この大事なときになぜと天を仰ぎ、トルーマンっていったい誰だ、彼で大丈夫なのか、と騒然となったところで、フィルムは終わります。

そしてトルーマンって誰なのか、を説明する展示室の扉が開きます。

ベスへの手紙から知る人柄

最初の展示室では、農家の息子として生まれたこと、父親が小麦の先物取引で失敗を続け、そのたびに引っ越したこと、一八九〇年にインディペンデンスに来たことなどが壁のパネルで説明されていきます。しかし何よりも目を引くのは、「親愛なるベス」と題された、部屋の中央の円柱に貼られた手紙の数々です。

六歳のときに教会で見かけてからずっと密かに想い続け、最初に手紙を書いたのがその二〇年後の一九一〇年。それから従軍する一七年まで、トルーマンはベスに二三〇通以上の手紙を書いています。

君のような良家のお嬢さんには分からないだろうけど、と前置きしながら、朝暗いうちから起きて牛の世話をするんだ、といった日々の農作業の話。お金がないのは自分の家の責任、と認めながら、でもこのままで終わりたくない、という強い意志。手紙を送り始めて一年後に、彼は溢れる想いを伝えますが、結婚はあっさり断られてしまいます。それでも彼は手紙を書き続け、とうとう三年目にベスの返事を勝ち取ります。正直で謙虚で真っ直ぐで、コンプレックスとプライドがないまぜになった若き日のトルーマンの姿がそこにあります。手書きの手紙を判読するのは困難ですが、ありがたいことに抜粋が活字になっています。また図書館のホームページでは、スキャンされた手紙の全文が公開されています。

ベスへの手紙(2023年6月撮影)

次の部屋では、トルーマンの従軍、その後始めた紳士服ビジネスとその失敗、三五歳でようやく結ばれた二人の結婚式の写真と、一人娘マーガレットの写真が展示されています。

そしてトルーマンを政治の世界に引き込んだ地元の有力者ペンダーガストとの関係。ペンダーガストの利益誘導型の政治スタイルに、トルーマンが悩んだことが紹介されています。また「選挙に有利になるから」と誘われて、秘密結社クー・クラックス・クラン（ＫＫＫ）に入会金を払ったこともあった、という事実が明かされています。

上院議員時代の展示では、ニューディール政策の推進やトルーマン委員会（第二次大戦下での戦費の収支改善）での活動など、生き生きと活動する彼の姿が描かれます。

人々に考えさせる展示の数々

次からは、トルーマンが大統領として下した判断について、見学者に考えさせるような展示が続きます。

まずは原爆投下です。硫黄島や沖縄での激しい戦闘、最後通牒としてのポツダム宣言、それを無視するとした鈴木貫太郎首相の言葉、日本を降伏させるための戦況分析、ロシアの参戦の動きなどのプロセスが時系列で細かく説明されたあと、次の部屋に入ると、いきなり目に入るのは壁一面に貼られた広島の廃墟の写真です。被爆し、一二歳で亡くなった佐々木禎子《さだこ》さんの語るストーリーが英語で流れ、白の千羽鶴、長崎に投下された通称「ファットマン」から外された安全プラグ、長崎・平和記念像の写真などが並びます。

これによって失われた命を語る人と、助かった命を語る人のビデオを見たあと、「あなたはどう思う？」と展示は問いかけます。歴代の政治家や歴史家や科学者による様々な賛否の言葉が書かれたパネルの下にはノートがあり、過去の見学者たちの意見が書き込まれています。もちろんそこに、自分のコメントも書き加えることができます。

次は戦後です。「冷戦」「イスラエルの承認」「人種差別」「共産主義中国の誕生」「朝鮮戦争」「マッカーシズム」などがテーマです。

ソ連がベルリンを封鎖したとき、トルーマンはアメリカの貨物機五九四機を毎日飛ばし、西ベルリンに物資を運びました。その横には「外国への援助はアメリカの利になっていると思うか？」と問うデジタル端末があります。見学者は自分の意見をコンピュータ画面に打ち込むと同時に、ここでも他の人たちの意見を読み、見学者たちの投票結果（賛成・反対の比率）を知ることができます。

トルーマンが行なった軍における白人兵と黒人兵の統合、政府職員における黒人差別の禁止などの説明パネルの横にも、そしてイスラエルの承認を扱ったギャラリーの脇にも、「あなたはどう思う？」と聞く同様の端末があります。

衝撃的だったのは、マッカーシズムを体験させるコーナーです。用意された端末の前に座ると、低い男性の声で、「ソ連のスパイがわが国の政府機関に潜り込んでいるのは君も知っての通りだ。

「赤狩り」を体験する端末（2023年6月撮影）

そこでトルーマン大統領の命令で、君を含むすべての政府職員の調査を行なうことになった」と告げられたあと、「この三人について君の意見を聞きたい」と切り出されます。「この人は奥さんが共産党員なので私は解雇すべきだと思う。君も賛成するね？」「この人はユダヤ人だから当然解雇の対象だ、君も賛成だね？」「この人は以前、東欧の新聞社で働いていた。解雇に賛成するね？」と矢継ぎ早に聞いてきます。ＹＥＳのボタンを押すと、「そう、君は自分の責務についてよく分かっているね」というお褒めの言葉をいただき、ＮＯのボタンを押そうものなら、「なぜ？君は国の安全が脅かされていることに公務員として責任を感じないのか、考え直しなさい」と叱られ、それでもＮＯを押すと、「分かった、その答えを君のファイルに記録しておこう」と言われます。ただのゲームだと分かっていても、ちょっとした恐怖を感じ、ＮＯを押す手がためらいがちになっていきます。そしてゲームの最後には、私を含めた参加者の「総意」が統計で示され、圧倒的多数の賛成で三人が解雇されたことを告げられます。

実際に、当時五〇〇万人の政府職員が皆テストを受け、何千人もが辞職に追い込まれ、その多くは無実だったことが伝えられたのち、「国の安全と個人の自由の保障とどちらが大切だと思いますか」という最後の質問に、参加者は答えなければなりません。

インディペンデンスの歴史を描く壁画

ここで広いロビーに出ます。ここが昔の正面玄関で、巨大な「インディペンデンスと西部開拓」の壁画があります。自身の図書館を中西部の歴史研究センターにできないかとさえ考えたトルーマンは、入口にインディペンデンスの歴史を物語るような壁画を欲し、みずからも筆を加えたとされるのですが、黒人やネイティブ・アメリカンの描き方に偏見があるとして、後に批判を受けることになります。ミュージアムがここを正面玄関とするのをやめたのには、この壁画の問題があったと思われます。

旧正面ロビーの壁画（2023年6月撮影）

壁画の奥が、復元された大統領執務室（オーバルオフィス）です。

トルーマンの机の上には、彼の座右の銘として知られた「**The Buck Stops Here**」と書かれたプレートがあります。**buck** は札の意味で、責任を転嫁することを **pass the buck** といい、**The buck stops here** とは、札はここで止まる、つまり自分が全責任を引き受けることを意味しています。横の壁のモニターでは、この言葉を引用する歴代大統領

（ケネディ、ジョンソン、ニクソン、オバマなど）の短いショットが流れています。

部屋の周囲には、大統領の役割、議会や裁判所との関係、法律はどうできるのか、といった説明もあります。子供たち向けに作られた、クイズ形式のパネルもあります。

ミュージアムから中庭に出る直前の壁には、最後の質問、「あなたは何を学びましたか？」が掲げられています。人々は用意された紙片に様々な感想を書いてポストに入れていきます。横にはこれまでの参加者が書いていった紙片が貼り出されています。

ラリー・ハックマン館長が切り拓いた「考えさせる展示」の伝統がいまもしっかり受け継がれ、さらなる発展を遂げているのを感じさせる充実した時間でした。

トルーマン図書館のミュージアムは二〇一九年、五万六〇〇〇人の来館者を迎えています。

4　ドワイト・アイゼンハワー　アメリカの真ん中から地平を見渡す

【来歴】

陸軍一の事務官から世界大戦の最高司令官へ

ドワイト・デービッド・アイゼンハワーは、一八九〇年一〇月一四日にテキサス州デニソンで、父デービッドと母アイダの三男として生まれました。

一家はドイツ系の敬虔なクリスチャンでしたが、ドワイトが一歳のときにカンザス州アビリーンに引っ越します。鉄道が敷かれてまだ三〇年ほどの、小さな開拓村でした。

父親はバター工場で働き、母親は男ばかり六人の子供たちを育てます（ほかにもう一人息子がいましたが、一歳にならないうちに亡くなっています）。

ドワイトは学校では野球やアメフトを楽しみ、歴史が好きで、ジョージ・ワシントンとカルタゴのハンニバルが彼のヒーローでした。若い頃から観察眼が鋭く、先生の性格をノートに書き留めていたと言います。

二一歳のときに、無償で教育を受けるためにウエスト・ポイントの陸軍士官学校の入学試験を受け、合格します。彼の軍人としてのキャリアの始まりでした。この頃に生涯のニックネームとなる「アイク」の呼び名が定着したようです。

一九一五年、二五歳で卒業すると、最初の赴任地テキサス州に赴きます。そこでマミー・ダウドと出会い、九か月後には結婚。夫婦はこのあと二人の息子をもうけることになりますが、長男ダウドは三歳で猩紅熱《しょうこうねつ》にかかり、夭逝しています。

第一次世界大戦中はもっぱら国内で、兵士の教育や人員・物資の調達・配備といった任務に就きました。ダグラス・マッカーサー元帥は彼を「陸軍一の事務官」と呼んでその能力を高く評価し、三五年にはフィリピン赴任に彼を副官として連れて行くなどしています。

一九四一年、アメリカが第二次世界大戦に突入すると、アイゼンハワーはワシントンDCの作戦本部に呼ばれます。初めは太平洋戦線を任されますが、翌年六月には五一歳でヨーロッパ戦域の最高司令官を命じられます。

最初の大仕事は四二年一一月、モロッコとアルジェリアへの上陸でした。当時北アフリカではすでに英仏軍がドイツ軍と戦っていましたが、彼は癖の強いリーダーたちが率いる混成軍をまとめ上げ、水陸両面からの上陸作戦を成功させます。その後、四三年七月にはイタリア・シチリア島への進攻を遂げ、イタリア国王によるムッソリーニの解任、連合国への降伏を勝ち取ります。

「物腰は柔らかく、行動は力強く」

アイゼンハワーはカリスマ的なリーダーではありません。ただ人を見る眼があり、どうすれば物事を動かせるかを知っていました。モットーは「物腰は柔らかく、行動は力強く」で、軍隊においては、アメリカの戦争目的が民主主義のためであるという教育を徹底させました。ブレない態度は兵士たちに人気があっただけでなく、指揮官たちからも尊敬され、また他国のリーダーたちからも一目置かれていました。

最大の功績はもちろんノルマンディ上陸作戦でしょう。ルーズベルト大統領によって連合国遠征軍最高司令官に任命されたアイゼンハワーは、一九四四年六月六日、Dデイと呼ばれた日に、フランス・ノルマンディの浜辺に五〇万人におよぶ連合国部隊を上陸させることに成功し、ヨーロッパ解放への道を拓きます。

四五年五月、ドイツが降伏すると、アイゼンハワーは国民的英雄になります。大統領に立候補すべしとする声も高まりましたが、元上司であるマッカーサーが共和党からの大統領候補指名を積極的に求め続けたのとは対照的に、彼は政治家になることには消極的でした。そもそも彼は政治に興味はなく、投票に行ったことさえありませんでした。

四八年、五七歳になっていたアイゼンハワーは、コロンビア大学の学長になります。一流の市民を育てることこそ、これからのアメリカに必要なことだと彼は語っています。

しかしその二年後、トルーマン大統領によってＮＡＴＯ（北大西洋条約機構）最初の連合軍最高司令官に任命されると、それを受諾し、パリに赴きます。

一九五二年、アイゼンハワーは民主・共和両党から立候補を要請されます。最初は拒んでいたのですが、結局説得されて、共和党の大統領候補になることを選びます。選挙戦ではカリフォルニア州のリチャード・ニクソン上院議員を副大統領候補とし、民主党のアドレー・スティーブンソン（イリノイ州知事）と戦いました。

このときの大統領選では、初めてテレビＣＭが使われました。ウォルト・ディズニーの手によるアニメーションでは、共和党のシンボルである象と一緒にアメリカ人たちが行進し、「僕はアイクが好き（I like Ike）、君もアイクを好き、皆でアイクをワシントンに」と歌います。この有名なフレーズは、二〇世紀で最も成功した選挙スローガンとされました。

危機感をあおることなく、国をまとめる

アイゼンハワーは選挙で圧勝し、五三年一月、第三四代アメリカ大統領に就任します。

彼は「素人政治家」を自認していましたが、複雑な任務を遂行するために、どこにどんな組織と役職が必要かを見て取り、それに適した人材を登用することにかけては、長年、巨大な軍隊を率いながら磨かれたスキルがありました。首席補佐官を置いてホワイトハウスの組織全体を管理

させ、特別補佐官には国家安全保障会議（ＮＳＣ）を担当させました。閣議を重視し、議会との連絡も組織的に行ないました。

当時の側近によれば、閣議では決して声の大きな人に惑わされることなく、常に「それはアメリカにとっていいことなのか」と問い質し、議論の方向性を決めていったと言います。

厳しい戦争を戦い抜いたアイゼンハワーは、大統領就任後はむしろ戦争回避や軍備費削減に尽力しました。当選後すぐに、公約でもあった朝鮮戦争の早期終結に動き、七月には休戦協定を成立させます。インドシナ戦争で苦戦するフランス軍への援助は断りました。「赤狩り」旋風を巻き起こしていたマッカーシーに対しては上院の非難決議を促し、政界から退場させます。

アイゼンハワーの冷静な態度は、共産主義の脅威に過剰反応を起こしていた国民感情を鎮める役割を担ったと言われます。またこのように「消極的」な大統領でありながらも高い支持率を維持できたのは、戦後の好景気によって人々の生活が安定していたからだとも指摘されます。大戦の英雄としての威厳、それでいて気さくな人柄、口角をあげたチャーミングな笑顔（アイク・スマイル）など、彼の魅力を語る人々は尽きません。

五五年九月、彼は突然心臓発作に見舞われ、七週間を病院で過ごします。それまで彼は大統領職には固執しないと語っていたのですが、天命に目覚めたのか、あるいは全米から届いた励ましの手紙に心を動かされたのか、回復後は再選への意欲を固めます。

翌年、彼は二期目に臨み、初回以上の差をつけて再選を果たしました。

平和の維持に尽力

二期目においても、アイゼンハワーは武力によらない解決を探り続けました。スターリン死後のハンガリー動乱に手出しせず、スエズ運河国有化に反発してエジプトに出兵した英・仏・イスラエルにも同調しませんでした。日本への原爆投下を不必要だったと信じる彼は、核は平和の確保には役立たないとも発言し、国際原子力機関（ＩＡＥＡ）を創立して、国際連合のもとで原子力を管理する道を拓きます。

一方、国内では公民権運動が激しさを増していました。

一九五七年、アーカンソー州リトルロックでは、これまで白人ばかりだった公立高校に九人のアフリカ系アメリカ人が入学しようとしていました。それを阻止せんとする州知事ら反対派が妨害に出ると、アイゼンハワーは陸軍空挺師団を派遣し、九人の登校を護衛させました。彼は「国家はすべての国民に、法の適切かつ賢明な遵守を期待し、そのためには敬意に満ちた服従を要求するものだ」と語っています。

アイゼンハワーは公民権問題に熱心ではなかったとする批判もあります。しかし感情的な対立が激化するなかにあって、個人の倫理感や価値観に立ち入ることなく事態の収拾を図った彼の見識を、評価する人も少なくありません。

またアイゼンハワーはアメリカの道路事情の悪さを指摘し、ドイツのアウトバーンのような大規模な州間高速道路システムの構築を実現しています。縦横に走る整備された道路は、その後、アメリカの人流と物流を支え、経済発展の基盤となります。

一九五七年一〇月、ソ連が人工衛星スプートニクの打ち上げに成功すると、アメリカがソ連に比べ核ミサイルの配備で出遅れているとする議論が再燃しますが、ここでも彼は、国民の恐怖心をあおるような発言とは距離を置き、極めて抑制的な態度を貫きました。退任時のスピーチでは、膨大な軍事支出が国民生活に及ぼすリスクに言及し、「成長する軍産複合体」に政治が不当な影響力を受けることのないようにしなければならない、と語っています。

退任後、アイゼンハワーは妻マミーと一緒にペンシルバニア州ゲティスバーグの農場に住みます。引っ越しばかり繰り返してきた夫婦にとって、最初で最後の定住地でした。

一九六九年三月二八日、七八歳で死去。その年、カンザス州アビリーンにある彼の図書館と墓地には、彼の建設した道路を走って、全米から七五万人の人々が弔問に訪れました。マミーは一九七九年に八二歳で死去し、今はアイクの隣で眠っています。

【大統領文書と図書館建設】

生まれ故郷に図書館を

アイゼンハワー図書館の話は、連合国がドイツに勝利した直後から始まっています。

アイゼンハワーの崇拝者たちは一九四五年五月、カンザス州アビリーンにある彼の少年時代の家（そこには母親がまだ住んでいました）を保存し、彼の功績を後世に語り伝えるための施設にしたいと考え、そのための財団を設立しました。財団は母親の死後、この家を譲りうけ、「アイクの育った家」として一般公開すると同時に、隣に記念館も建設し、五四年に開館させていました。

アイゼンハワーはその前年（五三年）に大統領となっていましたが、この地に図書館を建設して、自分の大統領文書を保管することを考えます。相談を受けた国立公文書記録サービス部（NARS）長官ウェイン・グロバーは、これを大統領図書館法を成立させるチャンスととらえます。

五〇年にトルーマンの意を受けてグロバーが下書きした大統領図書館法は、折から始まった朝鮮戦争の影響もあって「税金の無駄遣い」といった反対が強く、議会提出が見送られていました。あらためて書き直された法案は、今度は大した反対にも会わず超党派であっさり議会を通過し、一九五五年八月に成立します。

こうして大統領はみずからの文書、図書、書簡、写真、映像、音声、工芸品、絵画、その他の資料や物品を、公的なものも私的なものも一緒に連邦に寄贈できること、それを大統領が希望する場所に建てた保存館（これが図書館と同義になります）に置けること、そして連邦政府はそこに管理者を置き、寄贈された資料や物品を管理する責任を持つことなどが法律で決まりました。

しかしアイゼンハワーの希望は、今度は学者たちの反対に出会います。

大統領文書は貴重なアメリカの歴史遺産であり、多くの研究者が見たいと強く望む史料なのに、その願いを叶えるために、なぜカンザスまで行かなければならないのか、というのが彼らの訴えでした。前任のトルーマンが選んだミズーリ州インディペンデンスも田舎でしたが、カンザス州アビリーンはアメリカ地図上のど真ん中とも言えるさらに辺鄙な場所で、あらゆる主要都市から一〇〇〇キロ以上も離れていました。

アイゼンハワーはコロンビア大学の学長を務めていた時期がありましたから、学者たちは同大学が大統領文書を保存することを希望していました。コロンビア大学ならニューヨークのマンハッタンにあり、アクセスははるかに便利です。

しかし大統領図書館法は、図書館建設の場所を大統領が選べると定めていましたし、自分の図書館を生まれ故郷に建てたいと願っていたアイゼンハワーの気持ちを変えることはできませんでした。

「学者たちの関心が平和にあるように」

一九五四年、カンザス州知事らが議長を務める「アイゼンハワー大統領図書館委員会」があらためて設立され、三〇〇万ドルが集められました。このお金で、委員会は記念館の南側の土地を購入し、そこに図書館を建設します。

一九五九年、アイゼンハワーの六九回目の誕生日に、図書館の起工式は行なわれました。現職大統領としてこの式典に臨んだアイゼンハワーはスピーチに立ちます。

「いずれこの図書館が資料でいっぱいになり、学者たちがここに来て、半世紀前のことを調べようとするときに、彼らの関心が今日の私たちと同じく、万人の幸福を導き、自由で豊かで平和な未来を作る理想、原則、動向とは何なのかにあることを望みたい」

六一年に大統領を退任すると、アイゼンハワーの記録はホワイトハウスからカンザスに送られます。約一一〇〇万枚の文書、写真、録音などの整理にあたったのは、地元のアビリーン高校で二〇年にわたって歴史の教師をしてきたJ・アール・エンダコットでした。彼は四七年からアイゼンハワー財団のメンバーとして活動し、後に初代館長ともなるのですが、六九年にリタイアするまで二〇年以上にわたり、資料の整理と調査に取り組み、所蔵目録を作成し、同図書館の歴史を記した著作も残しています。

アイゼンハワーはまた、ここに自分たち夫婦のための墓地も作り、幼くして亡くなった長男の遺骨を移しました。その後、敷地は拡張され、ビジターセンターやショップ、オーディトリアムも加えられています。

二〇〇八年、館長となったカール・ワイセンバッハは、議員と市民が対話する「カンザス・タウンホール」を立ち上げ、町にある複数のアイゼンハワー関連施設を観光資源として一体化させる活動を行ないます。二〇一五年には、第一次世界大戦から一〇〇年、第二次世界大戦から七五年を記念し、アビリーンの町でも、展示会や講演会、音楽会、特別映画上映会など、多くの記念行事が行なわれました。

戦時資料のコレクション

アイゼンハワー大統領図書館は、軍人として四〇年近く過ごした彼の人生を反映し、多くの陸軍関連文書を保管していることでも有名で、アーカイブ利用の二割は海外からの訪問者です。日本にとっても、一九六〇年の日米安全保障条約の締結など、深い関係を持つ大統領でしょう（本人は来日を希望したのですが、折からの安保闘争のために中止されました）。

日本の国立国会図書館は一九八六年および九二年に職員を派遣し、トルーマンとアイゼンハワーの図書館に所蔵されている日本占領政策その他の日本関係資料の調査を行なっています。関連文書はすべてマイクロフィルムに撮影して日本に持ち帰られ、このうち八六年収集分は現在、国立国会図書館デジタルコレクションに収納されています。九二年収集分については、他の占領期資料などと一緒に、東京本館の憲政資料室で閲覧可能になっています。

【ミュージアム訪問】

アビリーンの町へ

さて、困りました。アビリーンはカンザスシティから二五〇キロあり、車で五時間だと言われたのですが、運転できない私にその選択肢はとれません。カンザス州内にあるマンハッタンという町の小さな飛行場からなら六〇キロほどだと分かったのですが、現地にはタクシー会社もなく、頼みの配車アプリ、ウーバーは空港からアビリーン行のサービスは予約できるものの、帰りは受付不可（おまけにこの飛行場は二〇二三年の九月まで工事のため閉鎖）。

アビリーンの宿に相談したところ、アイゼンハワー図書館に行くのだから図書館に助けてもらえと言われ、それからまたひと悶着あったのですが、何はともあれ、地元の飛行場がようやく再開した二三年一〇月中旬、一時は八方ふさがりに思えたカンザス州アビリーンへの旅がようやく実現しました。

真っ直ぐに伸びた道路の両側には、どこまでも茶色の大地が続いています。「オズの魔法使い」の映画さながらの竜巻が、地平線の向こうからやってきそうな気配さえ漂います。

ドロシーもアイクも、何でこんなところに帰ってきたかったんだろう、という素朴な疑問が湧いてきます。この町の良さはどこか奥深くに潜んでいて、余所者にはよく分かりません。

高速道路を下り、いくらか緑のある一画に入ると、そこがアビリーンの町で、現在の人口は六〇〇〇人ほど。九万平米のアイゼンハワー・センターには、アイクが育った家、ミュージアム、ライブラリ（アーカイブ）、黙想の館（墓地）、ビジターセンターの五つの建物があります。中央には軍服に身を包んだアイクの銅像が立ち、彼を挟んで向き合うようにして建つミュージアムとライブラリは、いずれも地元の石灰岩で作られた薄茶色。アイクの飾らぬ人柄を思わせる二階建てのどっしりとした構えで、静かに訪問者を迎えてくれました。

軍人を天職と悟る

ミュージアムの展示は、アイクの人生をそのまま順番に辿るようにできています。

幼少期の展示では、「私はアメリカのど真ん中から来た」というアイクの言葉とともに、アビリーンの町と家族の暮らしが描かれます。一九世紀半ばの鉄道敷設、入植者たち、初期の地図、そして父母と兄弟たちそれぞれの紹介が続きます。母親は六人の息子全員に、料理、洗濯、掃除といった家事を分担させました。泥だらけの少年アイクの写真が飾られています。

アイゼンハワー大統領ミュージアム外観
(2023年10月撮影)

次は陸軍士官学校での日々です。無料の授業料と、好きなフットボールが続けられるという二点に惹かれて選んだ学校でしたが、入ってすぐに、彼は軍人を自分の天職だと悟ります。

一九一五年、少尉になったばかりの二五歳のアイクは、最初の赴任地テキサスで一九歳のマミーと出会います。マミーはデンバーの裕福な家庭で育ち、冬の間は比較的温暖なテキサス州サンアントニオに滞在していました。育った環境はかなり違いましたが、二人はすぐに惹かれ合い、四か月後のバレンタインデーでプロポーズ。その後すぐに結婚しますが、アイクは翌年には次の赴任地に向かい、マミーは一人残って第一子ダウドを出産しました。

その後は毎年のように赴任地が変わっていきます。転属の多さはアイクの昇進の速さを意味していますが、それに従ってマミーの苦労も増えていきます。その時々の二人の様子が写真や交わされた言葉で紹介されています。

アイクはまず、戦車部隊の訓練を担当します。戦車は第一次世界大戦中に発明され、当時の陸軍では、これを使いこなすことが戦闘の要だとされていました。一九一九年には八一の車両部隊をワシントンDCからサンフランシスコまで二か月かけて大陸横断させる大プロジェクトを指揮しています。このときの経験で、彼は地形を読む力や部隊をすみやかに移動させる方策を身に着けます。

その後はパナマ運河、パリ、そしてフィリピンと、彼は戦地になりうる場所に次々と送られ、世界地図を頭に入れていきます。現地が戦場となった場合を想定し、米軍戦車の通れる道、駐屯地や工場を敷設できる場所など、誰よりもその地域の地形に精通し、それをまとめたガイドブックも執筆して高い評価を得ます。マッカーサーの指示で、中国や日本も訪れています。

史上最大の作戦

次の展示室では、第二次世界大戦が始まったことが告げられます。

部屋の中央に置かれた丸いテーブル上には、デジタルの世界地図が投影されています。一九三一年九月から一九四五年九月まで、時間の経過とともに世界のどこで戦火があがり、それがどのように広がって、最後は連合軍によって解放されていくかが、動画とナレーションで示されていきます。

周囲のパネルでは、アメリカの軍需産業の発展、アジアとヨーロッパの戦争計画などが細かく説明されています。チャーチルは米軍の協力を要請しますが、当時それは、「ブルドッグと猫を同居させるようなものだ」と言われました。

第2次世界大戦の戦況を見る
（2023年10月撮影）

各国の政治家や軍人たちと渡り合う手腕、部下の士気をあげ統率する技量、産業のキャパシティについての知見、それらを言語化する能力など、彼がそれまでに培ってきた多様なスキルが、軍のなかでもアイクを極めてユニークな存在にしていました。

ノルマンディ作戦については丸ごと一部屋があてがわれ、八か国一五万六〇〇〇人の地上部隊、六九三九隻の戦艦、一万二〇〇〇機の戦闘機を使った史上最大の作戦がいかに計画され、実行されたかが詳細に説明されます。中央の大きなスクリーンでは、映像による解説も行なわれます。

実際に作戦計画を話し合ったときに使われた一〇人掛けのマ

ホガニーの大テーブル、戦時下のユニフォーム（なかには彼がデザインしたものもあります）、様々な武器、計画の書かれた文書、勲章、当時のジープなどの展示が続きます。

アイクが兵士たちに向けて書いた命令書には、強い信頼と激励の言葉が綴られています。この文書は、「その日」を迎えた一七万五〇〇〇人の兵士たち全員に配布されました。その一方で、万が一作戦が失敗したときに彼が発表しようと密かに準備していた手書きの声明文には、すべての責任が自分にあることがしたためられています（この紙片はＤデイ成功のあと、アイゼンハワーが捨てたものを、側近が拾って保管していたものです）。

作戦の実行前に、彼は各地の地上部隊や飛行場、軍艦を訪問して歩いています。そこで交わされたのは、鼓舞や奮起ではなく、兵士の故郷や家族やスポーツの話だったといいます。兵士たちに取り囲まれた彼の写真が大きく壁に貼られています。

ミドル・ウェイを行く大統領

戦争が終結すると、選挙戦を経て、彼の大統領時代を描く部屋に入ります。

「私は戦争を憎む（I HATE WAR）」という彼の言葉が掲げられ、冷戦の進展、核兵器開発競争などのなかで、アイゼンハワーが戦争回避に尽力したことが紹介されます。

一九五三年四月、アメリカの記者編集者協会でアイゼンハワーは語ります。

「銃の製造、軍艦の進水、ロケットの発射は結局のところ、飢えや寒さに苦しむ者たちからの搾取を意味する。この武装した世界はお金だけではなく、労働者の汗、科学者の才能、子供たちの希望を浪費している。これは本当の意味での生き方ではない。戦争の脅威という雲の下で、人類は鉄の十字架に吊るされている」

こんなにストレートな軍拡批判が、大戦の英雄の口から発せられたとは驚きです。しかし明確な言葉の裏にある、大統領としての信念と、国の課題を見据えた決意が伝わります。

おそらく軍人として生きていたときも、こうした深い洞察と揺るぎないビジョン、そしてそれを臆さず言葉にする剛毅があったのだろうと想像します。そうでなければ連合軍を率いることなど、できようはずがありません。

大統領就任へ（2023年10月撮影）

アイゼンハワーは、経済的安定が平和の前提になると考えていました。貧困は必ず紛争を招く、と彼は言っています。ニューディール政策を引き継いで社会保障を充実させ、教育の充実や産業の発展を支援しました。

展示では、彼の統治哲学として「ミドル・ウェイ（中道）」という言葉を掲げています。「道の真ん中が前進できる場所だ。右に寄っても左に寄っても側溝にはまる」と彼は述べています。原子力の研究開発に予算をつけ、その広がる可能性に道筋をつけながら、ＩＡＥＡを創設し、終わりのない核開発競争のリスクを抑える。エジプトに進軍する英仏に対し戦争の愚かさを説く一方で、アイゼンハワー・ドクトリンによってソ連が中東に介入するのを防ぐ。陸海空軍の宇宙活動予算を削る一方で、航空宇宙局（NASA）を創設して非軍事目的の宇宙開発を支援するなど、彼は常に、一方が暴走しないよう、バランスをとることに腐心しました。

ふと、彼がアビリーンの町を「国の中心（very heart）」と呼んだことと、この「ミドル」がつながっているような気がしてきました。カンザス州は、アメリカの中西部・南部・西部の三つの領域の境目に位置しています。彼は世界大戦後に凱旋した故郷で、「自分が最も誇りとするのは、アメリカの中心に生まれたことだ」と語っているのですが、どこにも偏らず中心にいることの価値を、彼は出身地から学んだのかもしれません。

「山も木も要らない」

展示ではそのほか、公民権への対応、大陸横断道路の建設、保健教育福祉省の設置、ハワイ州とアラスカ州の承認なども説明されます。

横には、妻マミーに捧げられた部屋もあります。マミーはおしゃれで、彼女の髪型、ファッションすべてが「マミー・ルック」と呼ばれて流行しました。大統領就任中、夫妻はホワイトハウスで内外からの要人一〇八人の訪問を受けていますが、その準備を整えるのもファーストレディの役割でした。しかし夫の「職場」に入ることは許されず、八年間で彼女が執務室に入ったことは四回しかなかったと言います。

終わりには、一九五〇年から一九六〇年の一〇年間の経済発展が、労働者人口の増加、大学教育の普及、持ち家の普及などで示されます。

最後の映像は退任スピーチです。国民に向けてアイクは語ります。「アメリカのリーダーシップは、軍備力や経済力によってではなく、その力をどう使うかを示すことによって発揮されるべきだ」

別室では、各国からのギフトを展示する企画展が催されており、日本の岸信介が贈った日光東照宮が描かれた壺と、昭和天皇から贈られた、花車が描かれた絹の屛風がありました。

さて帰路です。紆余曲折を経て、私を空港のある町まで車で送ってくれることになったのは、アイゼンハワー財団のマリア・ナスでした。車の後部座席に小さな孫娘を乗せてやってきた彼女は、長年ミュージアムで子供たちのガイド役を務め、小中学校などを訪問してアイクの人生や功績を語る活動もしてきたベテランです。アビリーンと姉妹都市を結ぶ茨城県小美玉《おみたま》市の交換留学生二人を家に泊めたこともあったそうです。

目前には来たときと同じ乾いた土が、見渡す限り広がっています。人生の大半をカンザスで過ごしてきたという彼女に、ここを出たいと思ったことはないのか聞いてみました。

「いいえ。ここが好きなの。山も木も要らないの。遮るものが何もなくて、一番遠くまで見通せることの景色が好き。国内も海外も旅行したけど、いつもここに帰ってくると生き返る思いがする」

この町の良さは隠れているのではなく、目の前にあるのに、私に見えていないだけなのだと教えてもらいました。

二〇一九年、アイゼンハワー・ミュージアムには二〇万人が訪れました。

5 ジョン・F・ケネディ 理想主義的メッセージを次世代に伝える

【来歴】

病気がちな少年時代

ジョン・フィッツジェラルド・ケネディは、一九一七年五月二九日、マサチューセッツ州のボストン郊外の町ブルックラインに生まれました。

一家はアイルランド系のカトリック教徒でしたが、父ジョセフは実業家で地元の実力者であり、母ローズの父はボストン市長という、財力も権力も兼ね備えた家でした。

ジョンは九人兄弟（四男五女）の次男でしたが、幼い頃は病弱で、気管支炎、ジフテリア、猩紅熱など病気が絶えず、休みがちだった学校ではC＋の成績がやっとでした。

しかし病床でたくさん読んだ本のおかげか、親の財力のおかげか、はたまた家庭教師の直前集中講義のおかげか、全寮制の東部名門高校チョート校に入学し、一九三六年にはハーバード大学に進学します。

ハーバード大では政治学と国際関係論を専攻しました。またアメリカン・フットボール部に入り、そこで痛めた背中のために、一生にわたって苦しむことになったと言われます。もっとも彼の腰痛は、背骨部分に生まれつき障害があったためで、学生時代の逸話はそれをカモフラージュするために後から作られたとする説もあります。

在学中、父親は駐英アメリカ大使に任命されます。このとき、青年ケネディはヨーロッパを二度にわたって旅行し、ドイツで台頭していたナチズムを目の当たりにします。ヒトラーの暴挙を止めずにいるイギリスをテーマに論文を書き、これは卒業後、『Why England Slept（邦訳：英国はなぜ眠ったか）』という彼の最初の著作として出版されます。一九四〇年、彼は優等の成績でハーバードを卒業しました。

しかし陸軍士官学校には健康状態を理由に合格できず、四一年、ケネディは海軍予備軍に入ります。四二年には南太平洋の魚雷艇の指揮官となりますが、ソロモン諸島で日本軍の駆逐艦に遭遇して転覆。乗組員一一名は船体にしがみついて近くの小島に泳ぎ着きますが、そこで二人の島民と出会います。ケネディは椰子の実の殻に救助のメッセージを刻み、それをオーストラリア軍基地まで持っていくよう二人に頼み、最終的に一一人全員が救助されることになります。後年、この物語は映画化され、アカデミー賞俳優クリフ・ロバートソンがケネディを演じました（「P

T109〔邦題：魚雷艇109〕」一九六三年）。ケネディ図書館のショップでは、彼がメッセージを書き込んだ椰子の実が文鎮になって売られています。

家族総出の選挙戦略で政治の道へ

第二次世界大戦は、ケネディ家に悲劇ももたらします。幼い頃から優秀で、父の寵愛を一身に受けていた長兄のジョセフがヨーロッパで戦死したのです。一族の期待は、次男であるジョンに向けられることになりました。

一九四六年、戦後最初に行なわれた中間選挙で、彼は民主党員としてマサチューセッツ州から下院議員に立候補します。父や祖父の全面的バックアップ、七人の弟妹たちも総動員する選挙戦でしたが、ケネディはみごと当選を果たし、弱冠二九歳の連邦議員となります。

そして六年後には上院に挑戦。この年はアイゼンハワーが大統領候補となり、「アイク旋風」が席巻した年でしたが、ケネディは僅差で共和党候補者を破ります。

晴れて上院議員となった三六歳のケネディは、当時二四歳のジャクリーン・ブーヴィエと結婚します。ジャクリーンは名門の出で、フランスで教育を受け、芸術を愛し、社交的で洗練された女性でした。ジョージ・ワシントン大学卒業後、ワシントン・タイムズ・ヘラルド紙のカメラマンをしていましたが、その年初めのアイゼンハワー大統領就任祝賀舞踏会に二人は同伴で出席し、結婚間近と見られていました。九月に行なわれた結婚式は、七〇〇人を招待する盛大なものでした。

ところがその直後からケネディは腰痛を悪化させ、何度も脊椎の手術を受けることになります。議員活動も長期にわたって休むことになるのですが、長い病床生活は彼を本の執筆へと向かわせます。たとえ不人気な政策でも信念に基づいて遂行した八人の政治家たちを讃えた『Profiles in Courage（邦訳：勇気ある人々）』は、一九五六年に出版されるとすぐベストセラーとなり、ピューリッツァー賞を受賞。彼の知性と政見を世に知らしめました。

一九六〇年になると、四二歳という若さで大統領選に立候補します。爽やかな弁舌で人々を魅了し、カトリック教徒が人口のわずか四％しかいないウエストヴァージニア州の予備選で勝利して、アイルランド系カトリックであることが何ら障害にはならないことを立証すると、民主党の指名に向けて一気に加速しました。先輩三人を抑えて指名を勝ち取ると、南部出身の実力者リンドン・ジョンソン上院議員を副大統領候補に選びます。

この年の大統領選挙では史上初めて、大統領候補者同士のテレビ討論が中継され、八〇〇〇万人のアメリカ国民がライブで番組を視聴しました。ダーク・カラーのスーツに身を固めたケネディは生き生きと自信に溢れ、一方、薄いグレーのスーツのニクソンは青白い顔をして迫力に欠けました。照明の熱さから何度も汗をぬぐったのも良くなかったかもしれません。ケネディは接戦を制し、第三五代大統領となります。アメリカ史上、選挙で選ばれた最も若い大統領でした。

ピッグス湾侵攻の失敗からキューバ危機の回避へ

一九六一年一月二〇日、ケネディは有名な大統領就任演説を行ないます。「国があなたのために何をするかを問うな、あなたが国のために何ができるかを問え」。人口の半数を占めるようになった二五歳以下の若者層に向けて、新たな道を一緒に切り拓いていこうという「ニューフロンティア精神」をあらわした言葉でした。若くハンサムな大統領に国民は心酔し、新たな時代の幕開けを讃えました。

大統領としてのケネディは、公民権を推進し、ソ連との宇宙開発競争を発動しましたが、最も大きな功績として評価されるのがキューバ・ミサイル危機の回避です。

一九六一年四月、亡命キューバ人グループがカストロ共産政権打倒を目指してキューバのピッグズ湾に進攻を企てたものの、無残にも失敗する事件が起きます。アイゼンハワー政権下でＣＩＡが計画したものでしたが、世界には若く経験の浅い大統領の失策と印象づけられました。同年六月、ウィーンでケネディと対面したソ連のフルシチョフ首相は終始高飛車な態度でケネディを見下し、八月にはベルリンの壁の構築を開始し、しばらく停止していた核実験も再開。そして六二年にはキューバにミサイル基地の建設を始めたのです。一〇月一六日、これを知ったケネディ政権は、核兵器を輸送するソ連船がキューバに近づけないよう一八〇隻の米船で海上封鎖を行ない、もしキューバからミサイルが発射されれば全面的な報復を行なう、と宣言します。世界中が核戦争勃発の恐怖を実感し、震撼しました。

しかし表向きは断固たる態度を取りながらも、ケネディは裏でフルシチョフとの対話の道を探ります。空爆を主張する政権内の強硬派を抑え込み、弟ロバートに手紙を託して、交渉による解決の可能性にかけます。

最終的に、ソ連がキューバのミサイルを撤去すれば、アメリカもトルコに設置したミサイルを撤去するという合意が両者間で成立し、キューバ危機は収束します。ケネディは優れた外交手腕によって、核戦争の回避に成功したのでした。

非業の死

一九六三年六月、ケネディは最初で最後となった西ベルリンを訪問します。市庁舎前広場で一〇〇万人の市民に迎えられ、「どこに住んでいようと、自由を求める者は皆、ベルリン市民だ」と語り、最後にドイツ語で「私はベルリン市民だ《イッヒ・ビン・アイン・ベルリナー》」と結びます。ドイツ人を熱狂させたこのスピーチは、その後も語り継がれ、広場はジョン・F・ケネディ広場と改名されました。

一九六三年一一月二二日、悲劇は突然、起こりました。テキサス州ダラス市内をパレード中に頭部を狙撃され、ケネディは暗殺されたのです。直後に元海兵隊員のリー・オズワルドが逮捕されましたが、彼もまた二日後に射殺されます。この事件を調査したウォーレン委員会は六四年、オズワルドの単独犯行を結論づけましたが、その後も多くの矛盾した証拠や証言があり、謎は多く、真相はいまだに闇の中です。

ケネディの弟ロバートは司法長官を務め、六八年に大統領選に立候補しますが、予備選で優位に戦いを進めている最中に、やはり殺されてしまいます。

妻のジャクリーンは六八年、ギリシャの海運王オナシスと再婚し、九四年五月、六四歳でこの世を去りました。亡骸はアーリントン国立墓地で前夫ジョン・F・ケネディの隣に葬られ、葬儀にはケネディ家の人々も参列しました。

【大統領文書と図書館建設】

ハーバード大学との約束

ケネディが大統領選に勝利すると、その直後の一九六〇年一二月、国立公文書記録サービス部（NARS）のグロバー長官はまだ就任前のケネディを訪問し、将来の大統領図書館について話をしています。その五年前に大統領図書館法が制定され、ケネディはその就任時から、将来は大統領図書館が建てられることが分かっている最初の大統領でした。

グロバーは大統領図書館法の趣旨を説明し、今後、大統領職に関するすべての文書はNARSによって適切に管理されること、そしてケネディのそれまでの記録（生まれたときから大統領就任まで！）もできるだけNARSに寄贈することを依頼します。大統領図書館建設準備は、大統領に選ばれた瞬間から始められるというわけです。

一九六一年一月、大統領就任直後に、今度はハーバード大学のネイサン・ピュージー学長が、同大学図書館長のポール・バックを伴ってケネディにアプローチします。ハーバード大はケネディの母校で、そこでの卒業論文が政治家としての道を拓いたとも言えますし、「ベスト・アンド・ブライテスト」と呼ばれたケネディ政権の閣僚たちの多くが同校の関係者でもありましたから、ここに大統領図書館を建設しようというのは、当然の流れとも言えました。

大学はケネディの大統領文書を大学図書館システムに統合して管理し、またこれを機会に、公共政策大学院を拡充する計画もたてていました。同校が保有する建国初期のアダムズ親子やセオドア・ルーズベルトの歴史的コレクションと合わせ、歴代のアメリカ大統領を輩出した大学として世界にアピールするとともに、いずれはケネディ自身にも教壇に立ってもらう構想でした。

当初、ケネディは回答を留保しますが、一年後にはこれに合意します。早速、ケネディの特別補佐官であったセオドア・ソレンセンとアーサー・シュレジンジャー、そしてハーバード大のピュージー学長とNARSは協力して、図書館の青写真作成に着手します。

しかし、早く準備を始めた割には、ケネディ図書館の準備はその後、何度も躓《つまず》くことになります。

まず問題になったのは用地です。ハーバード大学は、大学近くのチャールズ川沿いの五万平米の土地に目を付けていました。しかしいくらキャンパスに近いとはいえ、そこはボストン首都交通局の所有地で、地下鉄車両の倉庫と修理工場になっており、交通局は土地の売却に難色を示します。

マサチューセッツ州立大学へ

一九六三年一一月、ケネディが暗殺されると、当然のことながら、彼の図書館建設を早く実現させようとの声が高まります。

「ジョン・F・ケネディ記念図書館会社」(現ジョン・F・ケネディ図書館財団)が設立され、弟のロバート・ケネディがその理事長に就任して、図書館建設のための資金調達が始まります。世界中の三六〇〇万人から一八〇〇万ドルが集まり、建築家には、妻ジャクリーンによって、当時まだ無名だったイオ・ミン・ペイ(後にルーブル美術館のガラスピラミッドを設計した人です)が選ばれます。彼はこの後、設計図を五回、書き換えることになります。

ハーバード大はスタンフォード大のフーバー研究所にならい、図書館を政治学研究のためのシンクタンクにすることを目論んでいました。西のフーバー研究所が保守派の政策拠点となっているのに対抗し、東に新たなリベラル派の橋頭堡を築きたいという意図があったのです。そしてそのためには、大学に隣接した交通局の土地がどうしても必要だと主張しました。

ボストン市からの圧力も加わって、渋る交通局が土地の売却に同意したのは六五年です。しかしそれから車庫の代替地を見つけるのにさらに五年かかり、ようやく明け渡しが決まったのは一九七〇年になってのことでした。

ところが今度は、周辺住民に反対運動が起こります。七一年にケネディより一足早く、ジョンソン図書館がテキサスにオープンしたのですが、ここは入場無料にしたこともあって、開館後に七〇万人という驚異的な数の訪問者を迎えていました。ケネディはその国民的人気から言って、来館者は年間一二〇万人、最大で一日一万人以上に及ぶという試算も出されて、そんなに多くの観光客に閑静な住宅地が乱されるのはごめんだ、というのが住民側の主張でした。

そうこうするうち、今度は大学側とケネディ家の間に、図書館のコンセプトをめぐって意見の対立が生じます。未来の政治家を育てる教育機関として打ち出したい大学に対し、ケネディ財団(このときは四男のエドワードが率いていました)は、図書館建設の主眼はあくまでJFKの偉業を残すことにあるとしたのです。

結局大学と財団は袂を分かち、ケネディ財団は一九七五年、今度はボストンの南にあるコロンビア・ポイントという埋立地を選びます。付近は治安が悪いとか、イメージが合わないとか、ここでまたひとしきり揉めたのち、七七年、ようやくマサチューセッツ州立大学ボストン校に隣接する現在の場所での建築が始まりました。図書館が開館したのは一九七九年、ケネディの死後すでに一六年が経っていました。

(一方、ハーバード大学は最終的にボストン交通局の土地を取得し、一九七八年、ここにケネディ・スクールと名を変えた公共政策大学院をオープンしています。)

オープン後に直面した課題

こうした苦労の末に開いた図書館も、しかし順風満帆とはいきませんでした。年間一二〇万人の来館を見込んでいたはずが、初年度の来館者は六〇万人に留まり、翌年にはそれがさらに三六万人に激減したのです。これまでに建ったどの大統領図書館にもなかった、大きな下落率でした。

問題は来訪者が抱く感想にありました。図書館の展示はドキュメンタリー映画で定評のあるチャールズ・グッゲンハイム監督が制作したケネディの伝記映画で始まり、兄の五年後に暗殺されたロバート・ケネディの映画で終わる構成になっていましたが、いずれも衝撃的な死で幕を閉じることもあって、来館者の気を滅入らせる結果を招いていたのです。図書館を訪問したあとに多くの人が「悲しくなった」「重く苦しい気分だ」といった感想を抱き、繰り返し足を運ぼうとは思わない施設になっていたのでした。

衝撃的な死をどう扱うべきなのか、ケネディが遺したものをどう伝えるべきなのか、模索は続きました。

図書館のリニューアル・コンセプトが決まったのは、さらに一二年後のことでした。ケネディ財団は、以下のように述べています。

「図書館は、ケネディの生涯を彼が生きた時代の文脈のなかに置かなければなりません。それは人々が政治や政府の公的活動を信じ、国を良くするために国民が力を合わせてできることがあると信じられた時代でした。……ケネディのスピーチや議論を通して、彼の抱いていた理想やビジョンを伝えること、ひとつの言葉、ひとつの行動がいかに世界を変える力を持ちうるかを知らせることが、私たちのミッションとなります」

一九九二年、図書館は一時閉鎖し、新たに六九〇万ドルの資金をかけて再設計され、翌九三年一〇月に再オープンしました。リニューアルの陣頭指揮をとったのは、ケネディの長女キャロラインの夫であり、ミュージアム・デザイナーであるエドウィン・シュロスバーグでした。

開館式では、当時の現職クリントン大統領がスピーチをしました。彼は一九六三年、一七歳のときに少年リーダーシップ・プログラムの一員として、ホワイトハウスでケネディと面会した思い出を披露し、「ローズガーデンでケネディと握手した瞬間、自分もいつか公職に就こうと決意した」と言い、ケネディの放つ光は、これからも多くの若者をインスパイアし続けるだろうと語りました。

秘密テープの存在

一九八二年、ケネディが密かにホワイトハウスの大統領執務室と閣議室にテープレコーダーを設置し、そこでの会話や電話を録音していたことが明らかになります。

録音が行なわれたのは一九六二年七月から暗殺された六三年一一月までの一六か月間で、時間数にして約三〇〇時間分。テープのなかには国家安全保障会議（ＮＳＣ）の会話を録音したものも含まれていました。キューバ、ベルリン、ベトナムといった問題に関して当時ケネディが側近たちとどういった議論を行なっていたのかを知る第一級の史料と言えます。

秘密録音と言えばニクソンで大問題になった行為だったわけですが、これをケネディも行なっていたという事実は、発見された当時アメリカに大きな衝撃を与え、そうと知らずに録音されていた関係者たちからは、プライバシーの問題も取り沙汰されました。

その後、フランクリン・ルーズベルトや、ジョンソンの録音テープも発見され、歴代の大統領に受け継がれていたことが分かりました。たとえ密室での会話であろうと、大統領が関わった歴史的価値を重んじる立場から、それぞれの大統領図書館に納められ、テープ起こしが行なわれ、現在その一部はＷＥＢサイトで公開されています。

【ミュージアム訪問】

町中から三〇分の好立地

ボストンの中心街から地下鉄レッドラインに乗って五駅目のＪＦＫ／UMassで下車。そこから学生たちに混じってマサチューセッツ州立大学（UMass）行きのシャトルバス（無料）に乗り込み、一〇分もすればジョン・Ｆ・ケネディ大統領図書館に着きます。街なかから三〇分もあれ

ケネディ大統領図書館外観(2022年9月撮影)

ば十分で、大統領図書館のなかでも段トツのアクセスの良さを誇ります。

バスを降りると、周辺にはマサチューセッツ州立公文書館やエドワード・ケネディ研究所といった類縁施設が並んでいますが、まずは何より、前方にそそり立つ黒と白の九階建てに向かって真っ直ぐ進みます。潮風と波音を感じ、海がすぐ傍にあるのが分かります。建物は角度によって、白い帆を広げて大海に漕ぎだすヨットのようにも見えます。

九階建てと言っても、三階以上は事前予約がないと入れないアーカイブで、見学が許されているのは、一—二階のミュージアムのみです。エントランスホールで入場料を払うと、まずはシアターに案内され、そこで一七分の映像を見ることから見学は始まります。

生前のテレビ番組で、ケネディは自分の幼少期や軍隊での経験、政治家の道を歩み始めたきっかけなどについて語っているのですが、ここで上映されるのは、そのときの音声を活かし、そこに数々の歴史的映像を重ね合わせ、構成し直した作品です。まるでケネディ自身が番組のナレーションを担当しながら、生い立ちを説明しているかのようです。アカデミー賞を受賞したピーター・デービス監督の編集によるものです。

ケネディは一九五六年、民主党予備選で副大統領候補指名を目指し、負けているのですが、このときの映像に、ケネディの言葉が重なります。「負けたときに初めて、私は政治というものを理解した。このとき、次の大統領選に出ることを決意した」。映像はここで終わります。

当時の映像を通して彼の言葉に聞き入る

シアターを出ると、そこでは一九六〇年の大統領選挙キャンペーンが繰り広げられています。ロサンゼルスで開催された民主党大会の様子、当時のアメリカの町並みを再現した通り、演説するケネディの映像があちこちで流れ、彼の声が響きます。「我々が求める自由とは……」「新しい時代を切り拓く新しい思想……」。言葉のシャワーを浴びながら、大統領選の熱量が高まっていくのを感じます。

そしてシカゴのテレビ局収録スタジオ。そこでは史上初の大統領候補によるテレビ討論の映像が流れています。落ち着きなく絶えず動くニクソンに比べて、ケネディのなんて堂々と、明快で、スマートなこと！　当時ニクソンは四七歳で、二人の年齢差は五歳しかないのですが、受ける印象は大違いです。当時の視聴者が、ケネディに心を射抜かれた瞬間を追体験します。

次の部屋では、選挙当日の開票速報特番が映像で流れています。「イリノイは」「カリフォルニアは」─「テキサスは」。各地から告げられる接戦の様子を見守ります。

そして次の部屋に移ると、有名な就任演説の映像です。ここには椅子が用意されていて、座っ

1960年の選挙戦を再現(2022年9月撮影)

てゆっくりじっくり、彼の歴史的な演説に耳を傾けられるようになっています。

横には、ケネディがスピーチライターのソレンセンに出した指示が掲示されています。「短く、無駄な言葉をなくすこと」「外交に焦点をあて、党派色を出さないこと」「これまでの政策批判ではなく、新しい時代の始まりを伝えること」

選挙キャンペーンをずっと一緒に戦ってきたソレンセンは、ケネディが選挙中に好んでよく使ったフレーズを用いながら、一七〇〇語のドラフトを書き、ケネディはここからさらに四〇〇語以上を削って、過去二〇年で最も短い大統領就任演説に仕上げます。ケネディの赤字が入った原稿も、ここで見ることができます。

次のギャラリーでは彼の政策に焦点があたります。中央の通路を挟んだ両側には、政策課題ごとの展示室が並びます。ソ連について、ベトナムについて、市民権について……。どの部屋でも展示品の数はあまり多くなく、当時の時代背景などを解説するパネルも比較的簡素です。その代わり映像が多用されているのが特徴で、見学者はパネルを読むより、ケネディの演説を聞くことに集中します。

ケネディは、一般のアメリカ人の政治や社会問題に対する関心を高めたと言われているのですが、彼のスピーチは平易で力強く、独特のリズム感を持っています。すべてデジタル・リマスターされたという映像の鮮やかさも手伝って、発せられる言葉は古さをまったく感じさせず、彼のビジョンがそのまま今日につながっているのを感じます。

キューバ危機の生テープ

展示室のなかにはもうひとつのシアターがあります。ここでは一九六二年一〇月のキューバ危機を描いた二〇分のドキュメンタリーを見ます。

流されるのは、キューバにミサイル基地が建設されていることが分かった一〇月一六日からフルシチョフが撤去に合意するまでの一三日間の緊迫したやりとりで、ケネディの死後に見つかったテープに録音されていた生の会話を編集したものです。

「大統領、ミサイル基地が建設されています」「なぜ分かる?」「この長さです」「大統領、今すぐ直接軍事行動を起こすべきです」「ミサイル基地を破壊し、ロシア人を沢山殺して、彼らが何もせずにそれで終わると君は思うのか」

畳み掛けるような会話の応酬を聞きながら、緊張で息が詰まりそうになります。集まってくる情報の欠片、憶測、矛盾する事実、次々と塗り替えられる状況判断。軍部の強硬論を抑えながら、ケネディが繰り返し問います。

「フルシチョフは何を考えている」「フルシチョフは何をしたい」

極限状態のなかでケネディが何を考え、語り、どう判断し、行動していくのかを、私たちは手に汗を握りながら見守ります。当時の生の会話が残されているということ、それを六〇年後の私たちが実際に聞くことができるという奇跡を体験します。

テープの文字起こしはバージニア大学ミラー・センターの協力によって行なわれました。

ケネディの遺したもの

シアターを出ると、そこには執務室の展示があります。しかしここはなぜかあっけないほど質素で、机上には何もなく、映像もありません。腰痛に苦しんだ彼が愛用したとされるロッキングチェアが脇にポツンと置かれ、主がいなくなった空虚感を象徴するかのようです。

そのほか、司法長官を務めた弟ロバートの部屋と、妻ジャクリーンに捧げられたギャラリーもあります。これらの展示だけは壁にも中央のガラスケースにも、多くの私物や写真がにぎやかに飾られ、彼らの政治的貢献だけでなく、人柄や私生活も伝わる情報満載の部屋になっています。

展示室を抜けると、いきなり真っ暗な廊下に出ます。黒の壁に白く浮かび上がる「November 22 1963」の文字。長く暗い廊下には何の展示もなく、あるのはいくつかの小さなビデオ・スクリーンだけ。そこから流れてくるのは、暗殺当日のニュース映像です。現場の混乱した様子、大統領の死の発表、ショック状態の国民の姿などが流れていますが、後のテレビでよく目にした撃たれた瞬間の映像などはなく、事件についての解説も、その後の調査や研究について触れることもありません。

そして再び、光に満ちた部屋に出ると、そこには壁にケネディの言葉が刻まれています。「人は死に、国は興り滅びる。しかし理想は生き続ける」

最後の部屋は彼のレガシーをテーマとしたものです。「宇宙開発」「市民権」「芸術」といった分野で、ケネディが遺した業績が、現在、どのような発展を遂げているかが説明されます。

部屋の一角には、高さ三メートルにおよぶベルリンの壁岩が置かれています。ドイツ政府から寄贈されたもので、ケネディの遺した足跡が、ここにもあることを思い出させてくれます。

パビリオン（出典：ケネディ大統領図書館）

ちょうど開催されていた特別展は、ケネディの子どもたちをフィーチャーしたものでした。種々の民族衣装を着た人形たちは、世界中から寄せられた娘キャロラインへの贈り物です。そのなかに、日本の松本艶子《つやこ》さんからの七段飾りの雛人形も見つけました。こうした個人的な贈答品も、国の資産として保管されているのを知りました。
見学は、ガラス張りのパビリオンに出て終わります。七階分を吹き抜けにした空間には眩しいほどの光が注ぎ、目前に広がる海の向こうには、ボストンの町のスカイラインも望めます。

ケネディ図書館は、現在の世界情勢を考えるシンポジウム、国内政治や経済についてのレクチャーや議論、ヘミングウェイの文学について（図書館には遺族から寄付されたヘミングウェイの特別コレクションがあります）など、毎月のようにイベントを開催しているのですが、そうした集会にも、このパビリオンが使われています。

私が訪問した二〇二二年九月には、たまたまバイデン大統領が翌日訪れるということで、パビリオンはその準備に大わらわでした。ケネディが月面着陸計画を発表して六〇周年になるのを記念して、バイデンがここでスピーチをするのだということでした。

このミュージアムには、ケネディの女性関係や健康問題など、彼のネガティブな情報を一切封印しているという批判もあります。しかし彼の遺してくれた言葉を味わい、彼の理想に心を動かし、ケネディという大統領を持てたことを誇りに思える施設として、いまも活動が続いています。

二〇一九年、ケネディ図書館のミュージアムは二〇万人の訪問者を迎えました。開館から四〇年、累計訪問者数は九五〇万人に及んでいます。

6　リンドン・B・ジョンソン　テキサス・サイズで魅せる記録保存室

【来歴】

ルーズベルトに惹かれて政界へ

リンドン・ベインズ・ジョンソンは一九〇八年八月二七日、テキサス州中央部の小さな田舎町ストーンウォールで、父サミュエルと母レベッカの間に生まれました。

水道も電気も通っていない貧しい家だったとジョンソンは回想していますが、写真で見る限り、家はそれなりに大きくしっかりした造りです。思うにこの時代（日本では明治四〇年代です）のテキサスでは、案外ましなほうだったかもしれません。家の手前には水車があり、傍に流れる川から水を汲みあげていました。リンドンには三人の弟と一人の妹がいました。

父親は大学は出ていないものの才気があったようで、農業のほか不動産の仲介をしたり地元の人に法律のアドバイスをしたりと、いろいろなことを手掛けていたようです。リンドンが生まれた頃には、州の議員にもなっていました。

リンドンは地元の公立高校を卒業したのち、一九二六年に南西テキサス州立教育大学（現テキサス州立大学サンマルコス校）に進学すると、在学中にコトゥーラという小さな町の教員見習いとなります。メキシコ系の児童が多く通う学校で、子供たちはいつも空腹を抱え、英語も話せず、ジョンソンはここで初めて本当の貧しさと差別や偏見の実態を見ます。もともと親分肌で面倒見のよかった彼は、どうしたらこの子たちに生きる力を与えられるかを真剣に考えたと言います。

一九三一年、ジョンソンは政治の世界に入ります。三三年にフランクリン・ルーズベルトが大統領となってニューディール政策を始めると、その弱者救済の精神に惚れ込み、ワシントンＤＣまで出かけています。翌三四年、二六歳でクローディア・テイラーと結婚すると、三七年には下院議員となり、ニューディール政策を地元で実現するため、テキサスの治水や電力供給事業に尽力しました。

一九四一年、アメリカが第二次世界大戦に参戦すると、ジョンソンは海軍少佐として従軍し、南西太平洋の偵察隊に配置されます。ニューギニア島にある日本海軍の偵察が主な任務でした。帰還後、二人の娘が生まれます。

一九四八年、四〇歳になると、今度は上院議員選挙に挑戦し、当選します。調整能力に長けた彼は、五五年には史上最年少の四六歳で上院の院内総務という重要ポストに就任します。六〇年の大統領選では、当然、最有力候補でしたが、党大会直前まで立候補を表明せずにいたことが災いして、予備選の勝利で勢いを得ていたケネディに敗れます（予備選が重視されるようになるのは、これ以降です）。

民主党大統領候補となったケネディは、次点だったジョンソンを副大統領候補に指名しました。これは北東部出身の若いケネディにとって、ジョンソンの持つ南部の票を取り込むという選挙戦術だけでなく、政権奪取後は、巧みな議会工作で「議会の帝王」と呼ばれた彼の手腕を期待してのことでもありました。

突然の大統領就任

ケネディとジョンソンは、共和党のニクソンとロッジを破り、政権に就きます。副大統領時代のジョンソンはケネディの陰に隠れてあまり注目されませんでしたが、航空宇宙局（ＮＡＳＡ）の責任者としてケネディに月面着陸作戦を推挙するといった実績を残しています。ヒューストンの発射基地が彼の名前を冠して「ジョンソン宇宙センター」と名づけられるのは、残念ながら、彼の死後のことでしたが。

一九六三年一一月二二日、ジョンソン夫妻は、翌年の大統領選を睨んだキャンペーンの一環として、ケネディ夫妻と一緒に地元テキサス州に入ります。ダラスでのパレードではケネディの車の二台後ろに乗っていて、銃撃の一部始終を目の当たりにしました。

大統領の死亡が確認されると、その二時間後にはケネディが乗ってきた大統領専用機（エアフォースワン）に今度は自分が乗って、首都ワシントンに戻ることになります。ダラス空港を飛び立つ前に機内で宣誓式を行ない、ジョンソンは第三六代アメリカ大統領に就任します。大統領の就任式がワシントンDCの外で行なわれた最初で最後のケースであり、宣誓式が最高裁判事ではなく、地元の女性判事によって行なわれたのも、米国史上例を見ないことでした。

全国民がショック状態にあるなかで、彼の仕事は国を前進させることでした。

ワシントンに戻ったジョンソンは「貧困との戦い」を宣言します。連邦政府には恵まれない人々に教育、食事、仕事を提供する役割があるという考えは、ジョンソンにとって、ルーズベルトの政策を受け継ぎ、発展、完成させるものでした。

大柄なジョンソンはテキサスの伝統的なカウボーイ・ハットを好んでかぶり、常にテクサン（テキサス出身者）であることを誇りとしていました。

しかしマイノリティの権利に対しては、ケネディ以上にリベラルでした。南部出身の民主党員たちの激しい反発を、「ジョンソン流接遇」と呼ばれる独特の手法で抑え込み、一九六四年に公民権法を成立させると、翌六五年には投票権法も成立させて、黒人の権利確立に金字塔を打ち立てます。

彼はまた経済機会均等法や一連の教育補助プログラムを成立させ、生活困窮者のための連邦医療福祉制度も開始します。次々と法案を通過させる技量は、長年にわたって培ってきた議会経験の賜物でした。ケネディが議会を通過させることができた法案は三七件だったのに対し、ジョンソンは最初の二年で八七件の法案を勧告し、そのうち八四件を成立させています。この法制化率九六％は間違いなく歴代大統領の最高値とされています。

ベトナム戦争

しかし一方で、ベトナムの情勢は厳しさを増していました。

アメリカ軍はすでに南ベトナムに「アドバイザー」として一万六〇〇〇人を派遣し、当地で起きていた内戦の後方支援をしていましたが、一九六四年八月、トンキン湾でアメリカの駆逐艦が北ベトナムの魚雷艇攻撃を受けたという報告を受けます。

のちに「ペンタゴン・ペーパーズ」と呼ばれた文書によって、この事件の一部が国防省の捏造だったと分かるのですが、ジョンソン政権は北ベトナムへの報復を決定し、議会は「さらなる攻撃を退けるために必要なあらゆる手段をとる」権限をジョンソンに与えます。こうして宣戦布告のないまま、米軍の北爆が開始されました。

六四年の大統領選では、積極的な反共政策と厳格な財政保守主義を唱える共和党のバリー・ゴールドウォーターと戦い、ジョンソンは圧勝します。全投票数の六一％の獲得は、フランクリン・ルーズベルトの二期目をも上回る支持率でした。ケネディ暗殺以来ずっと空席だった副大統領には、長年ジョンソンの友人だったミネソタ州のヒューバート・ハンフリー上院議員が就任しました。

しかしベトナム戦争は泥沼化の様相を呈していきます。一九六八年までに、五〇万人以上の兵士がベトナムに送り込まれ、ローリングサンダーと呼ばれる大規模な航空部隊による作戦も遂行されましたが、ジャングルのなかに潜むベトコンを殲滅することは、そう簡単ではありません。

六八年一月には「テト（旧正月）攻撃」と呼ばれる衝撃的な奇襲を受けます。それまで一般のアメリカ国民は、ベトナムでアメリカは勝っているのだと思っていました。しかしサイゴンのアメリカ大使館が砲火を浴びる映像がテレビで流れ、メディアが「ベトナムの真実」を報道し始めると、政府に騙されていたことを知り、怒ります。当時は徴兵制がありましたから、戦争に駆り出される若者たちはとくに、激しい反戦運動を広げていきました。

同年春、ジョンソンは北ベトナムへの爆撃を縮小しましたが、紛争を終結させることも、米軍の撤退を完了させることもできませんでした。ジョンソンにとってベトナムを共産主義者に渡すことは、かつて連合国がチェコをヒトラーに渡したことと同義でした。「今日ベトナムを諦めれば、明日はハワイに戦線が移り、来週にはサンフランシスコで戦うことになる」と彼は述べています。後の歴史学者は、当時のアメリカが共産主義の浸透を恐れるあまり、ベトナム戦争の持つ民族解放の側面を見落としていたことを指摘しています。

六八年は大統領選挙の年でしたが、ベトナム戦争のために、ジョンソンの支持率は地に落ちていました。勝ち目がないことを見て取ったジョンソンは三月、指名争いから離脱することを表明します。

この年のアメリカは、四月に黒人人権活動家マーティン・ルーサー・キング・ジュニア牧師が殺され、六月には大統領選予備選に出馬していたロバート・ケネディも暗殺されて、国じゅうが混乱や怒りで満ちた年でした。

そんななかリチャード・ニクソンが、ジョンソンの副大統領であったハンフリーを破って大統領に選ばれます。こうして民主党政権は終わりを告げ、政権はまた共和党に移ります。

一九六九年一月、大統領を退任したジョンソンはテキサスの牧場に戻りますが、狭心症を患い、急速に体調を悪化させます。そして四年後、ベトナムとの和平合意をニクソンからの電話で知った翌日に、まだ六四歳の若さで亡くなりました。

夫人はその後も、アメリカの田園風景の保存や都市の緑化活動などに努め、フォード大統領の時代には大統領自由勲章を授与されています。レディ・バード（テントウ虫）の愛称で国民からも親しまれ、七〇年代から九〇年代にかけ、最も活動的な元ファーストレディとして表舞台に立ち続けましたが、二〇〇七年七月に九四歳で永眠しました。

【大統領文書と図書館建設】

大学の土地を借り受ける

ジョンソンが大統領図書館の構想を練り始めたのは、再選を果たした直後（一九六五年）のことだとされます。それ以前の一九六二年、まだ副大統領の時代に、母校である南西テキサス州立教育大学が彼の記録を保管したいと申し出ているのですが、彼はこの学校にあまりいい思い出がなかったようで、これを断っています。

動いたのは妻のレディ・バードでした。彼女は自分の母校であるテキサス大学オースティン校に、ジョンソン図書館建設の可能性を打診します。テキサスを代表する、南部トップのこの大学なら、ジョンソンのプライドを満足させるのに十分でした。

ジョンソンの遠縁が同校の理事長を務めていたこともあり、六五年八月、大学は図書館のための土地の寄贈と図書館建設に必要な一八〇〇万ドルのうち一五〇〇万ドルの資金提供を約束します。しかも大学はこれを機会に、ジョンソンの名を冠した公共政策大学院を創設し、ジョンソン政権の遺産を活用しながら公共政策を学ぶ大学院教育を始めることも提案したのです。

ジョンソンはこの提案をとても喜び、「テキサス大のすばらしい公共精神と寛大さは、全米の尊敬を集めるべきものだ」と謝意を伝えます。そして貧しい学生には奨学金を出す考えを示し、いずれたくさんのテキサス出身者が、ワシントンでアイビーリーグの牙城を崩すときがくるだろうと夢を語りました。

しかし米国法では、連邦政府が大学から土地の譲渡を受けることを禁じていました。そこで土地の所有権を大学から移さないまま、ここに建てられる大統領図書館を大統領資料の保管場所として国立公文書館が独占的に管理するという協定を結ぶ形をとりました。このあと大学のキャンパス内に建てられる大統領図書館が増えていきますが、いずれもこの時のモデルが踏襲されています。

一方、国立公文書記録サービス部（ＮＡＲＳ）はそれまでの経験から、政権関係者の文書収集は大統領在任中に始めておくべきだということを学んでいました。六五年にジョンソン図書館が議会の承認を受けるとすぐ、全閣僚メンバーと行政のトップを集め、彼らの記録を速やかに政府に寄託するとともに、「政権の重要な考えや行動、政策、プログラムが記載されているものすべて」のコピーを、将来のジョンソン図書館のために提出するよう促します。組織的な資料収集を進めるために、ジョンソン夫人をチーフにした図書館収集委員会も設立されました。

こうして一五〇人以上の関係者が文書を寄贈します。ジョンソンはこの成功を高く評価し、ＮＡＲＳにこうした活動を今後も継続するように伝えています。

オーラル・ヒストリーも重視されました。ジョンソンはテキサス大の歴史学教授ジョー・フランツに対し、一〇〇〇人以上の関係者にインタビューするプロジェクトを依頼します。ただこれは「歴史を改ざんする意図があるのでは」という批判に会ったことで、ＮＡＲＳは関与を止め、あくまでテキサス大とジョンソン財団の私的プロジェクトとして進められました。それから三〇年以上かけて集められた二二〇〇時間に及ぶインタビュー記録は、全大統領図書館のなかでも屈指のコレクションとなっています。

電話録音の早期公開が再評価に

一九六七年、ジョンソン図書館の建設が始まりました。ジョンソンはイェール大学の稀覯本図書館で話題となっていた建築家ゴードン・バンシャフトと契約し、とにかく「どでかい」建造物を注文します。何事にも大きなことが大好きなテキサス人気質といったところでしょうか。

ケネディの図書館が諸問題で揉めていたこともあって、彼の図書館はそれより早く、七一年、退任三年後に落成式を迎えます。一万平米を超す建物面積は、それまでのどの大統領図書館をも凌駕する規模でした。

五月二二日のオープニング・セレモニーには、当時現職だったリチャード・ニクソン大統領やスピロ・アグニュー副大統領も列席し、集まった三〇〇〇人にテキサス・スタイルのバーベキューが振る舞われました。テレビ中継された式典でジョンソンは語ります。「失敗も致命傷も、醜いことも不快なことも、私の四〇年にわたる記録すべてがここに集められ、人々の審判や議論に委ねられることになる。私の敵も味方も、この図書館で歴史のすべてを見ることになるだろう」

そして実際、ジョンソンはここにすべてを納めます。自分の死期が近づいていることを知っていたのでしょうか。あるいは資料を読んでさえもらえたら、大統領としての自分を理解してもらえると期待したのでしょうか。寄贈資料には、毎日つけていた日記、数々のノート、提出義務のないプライベートな記録も含まれていました。七三年、死の一週間後には、ホワイトハウスで密かに録音していた電話の会話テープ六四三時間分も、関係者の手によって図書館に届けられました。ただしこれは相手への配慮から、五〇年は封印してほしいというのが遺言でした。

当時の館長ハリー・ミドルトンとそのスタッフはテープの劣化を危惧し、すぐに音声記録の保存に動きます。音声記録には、無骨と見られていたジョンソンの、熱意や苦悩が遺されていました。そしてこれを公開することが、ジョンソンのレガシーをむしろ強くすることになると確信し、夫人を説得します。

一九九三年、死後二〇年を経て、夫人はテープの公開に同意します。

そして実際に、それはミドルトン館長が予言した通りの効果を生むことになりました。パブリック・スピーチは決して得意でなかった彼が、裏でどんな人とどんな会話を交わしていたかが公開されたことで、ベトナム戦争の失敗で評判を地に落としていた彼の、別の側面が明るみに出ました。いくつもの評伝が書かれ、公共政策大学院では、彼の政治的交渉プロセスが授業の教材として使われました。近年では映画「ＬＢＪ（邦題：ケネディの意志を継いだ男）」（二〇一六年）が公開され、ジョンソンの評価と人気をさらに高めています。

ジョンソン図書館は当初、ミュージアムを入館料無料で公開し、朝には無料のドーナツさえ配りました。一人でも多くの人に見てもらいたいという彼の意向です。それまでの大統領図書館では初年度訪問者数はせいぜい四〇万人程度でしたが、ジョンソン図書館では開館翌年に六八万人、七三年にはジョンソンの死去に重なったこともあって七〇万人という驚異的な記録を達成します。これまで大統領など遠い存在だと思っていた多くの南部人が、ここで初めて大統領の仕事を垣間見る経験をしました（ミュージアムはその後、一三歳以上を有料化しましたが、あなたの名前がリンドンなら何歳になっても無料です！）。

公民権法成立五〇周年を迎えた二〇一四年には、大規模な記念シンポジウムも開催され、当時現職だったオバマ大統領を始め、ジミー・カーター、ブッシュ・ジュニア、ビル・クリントン元大統領たちが参加し、公民権におけるジョンソンの偉業を讃えています。

【ミュージアム訪問】

モンスター・ジョンソンを象徴する建物

テキサス大学オースティン校は、オースティン国際空港から車で一〇分ほどのところに広大なキャンパスを構えていますが、ジョンソン図書館は、キャンパスの西側、一二万平米の小高い丘の上に建てられています。真っ白な大理石でできた一〇階建ての建物は、一切の装飾を排し、窓もなく、遠目にはただの立方体、あるいはフタつきの巨大な書類箱のように見えます。建築家のバンシャフトは、頑強なジョンソンのイメージを象徴するものだと述べています。

　図書館は斜面に建っているため、入口はすでに三階で、展示はこの階とひとつ上、そして最上階の三フロアに分かれています。

　受付の突き当たりには壁一面を使って大きな写真が貼られています。ジョンソンが公民権法に署名したときのもので、周りにはキング牧師を始め、この日を待ち望んでいた何十人もの黒人活動家や議員たちがひしめいています。この日ジョンソンはホワイトハウスのなかでも一番大きなイースト・ルームに人々を招き入れ、サインを数ミリ書いては万年筆を交換し、周囲に一本ずつ記念に手渡したと言います。ジョンソンが成立させた数多くの法律のなかでも、やはりこれが一番、歴史的瞬間として記憶されているものなのでしょう。

ジョンソン大統領図書館入口(2023年1月撮影)

　最初に見る一一分のフィルムでは、ジョンソンの伝記を書いたロバート・カロ、ドリス・グッドウィン、ロバート・ダレクといった歴史家たちの口を借りながら、彼の人となりが紹介されていきます。大柄で声も大きく、人を圧倒しながら周囲を巻き込んでいく馬力は、「モンスター」「トルネード」「ダイナモ」など様々に称されました。
　執務室に三つのテレビを置き、三大ネットワークのニュース番組を同時につけながら、あちこちに電話をかけまくり、スタッフが三時間以内に返事を寄こさないと怒り、大声で（時には卑猥な）ジョークを飛ばし、相手の胸ぐらをつかんで威嚇したかと思うと、優しく肩を抱いて褒めそやすという、まるでやくざの親分のようです。ワシントンのコラムニストはこれを、「説得とテコ入れ、おだてと脅し、過去の便宜を思い出させ、将来利益をほのめかす信じがたいほど強力なミックス」と評しています。

ただアメリカにとって幸運だったのは、ジョンソンがこの力を自分の利益にではなく、国民の、特に恵まれない人々のために使ったということでした。ルーズベルトやケネディの精神を引き継ぎ、貧困のない世界を実現することを誓ったジョンソンは、民主党内の保守派を抑え込み、共和党の支持も取り付けながら、多くの法案を通していきます。

三階は、ジョンソンが生まれた一九〇八年から、二〇一二年までの世界の変化を描く展示です。ジョンソンの生きた二〇世紀は、人々が激動の変化を体験した時代でした。一般車が作られはじめ、産業が急成長したのち、大恐慌が起き、二度の戦争を経験し、そして戦後の発展が訪れます。ぐるりと一巡する壁面に、一年ごとのパネルが貼られ、その年のできごとと、ジョンソンの記録が入り混じって語られていきます。

文書の総量で表現する大統領職の大きさ

フロアを一巡し、ざっと時代を把握したら、真ん中の幅広い階段を上ります。

そこに見えるのは、五階から八階まで四フロアにわたるガラス越しのアーカイブです。ずらりと並んだ四万箱の赤いファイルボックスには、すべて金色の大統領シールが貼られ、そのひとつひとつが妖艶な光を反射しています。「すべてはここにある（It's all here）」と語ったジョンソンの言葉が思い出されます。

図書館は、ジョンソンとその政権に関連する四二〇〇万点の資料を所蔵しているのですが、その量の多さが大統領職の任務の大きさを象徴しているようで、見る者を圧倒します。周囲には歴代大統領の肖像画や似顔絵のエッチングも並び、皆でこの歴史をつくってきたのだと語っているかのようです。

アーカイブ・フロア（2023年1月撮影）

作家のデービッド・クロスは、他の大統領図書館は大統領自身やその生誕地を伝えているが、ジョンソン図書館は、大統領職そのものを語っていると書いています。大統領職の本質がスタイルやスピーチではなく、行政を進めていく毎日のプロセスなのだとすれば、ジョンソンにとってはこの文書の集積こそがすべてでした。

ジョンソン政権の五年間を描く四階の展示は、この壁の裏側から始まります。

始まりはケネディの暗殺です。事件当日の思い出をたどたどしく語るレディ・バードの音声が流れ、事件を告げる新聞、機内での宣誓式、ウォーレン委員会の報告書などが展示されています。

フロアのあちこちの壁面には受話器が掛けられていて、それを耳に当てると、その時々にジョンソンが関係者と語った会話を聞くことができるようになっています（テープの保存に即座に動いたミドルトン館長と、早期公開を決断したレディ・バードのおかげです）。

会話の相手はジャクリーン・ケネディ、ロバート・ケネディ、ワシントンポスト社主キャサリン・グラハム、ケネディの調査を率いたエール・ウォーレン、FBI長官エドガー・フーバーなどに及びます（ちなみに彼はフーバー大統領と血縁はありませんが、誤解されがちなので念のため）。ジョンソンは、相手をおだてたり、イジったり、とぼけたり、笑わせたりするのですが、残念なことに、私には彼のテキサスなまりがよく聞き取れません。自分の英語力の壁が悲しくなるのは、こんな時です。

公民権法、そしてベトナム

次のギャラリーは、「ジョンソンの遺産」がテーマです。公民権保護、公共放送局（PBS）設立、初等中等教育法、高等教育法、老人医療保険制度、国立公園の設立、消費者保護の仕組みなど、ジョンソン政権が成立させた様々な政策が説明され、これらが今日の私たちの生活に影響していることも紹介されます。「運転中はシートベルトをするようになった」「薬のフタを子供には開けにくくした」など、すべて彼のレガシーです。

なかでも一番のスペースを割いて語られるのが、やはり公民権法です。当時の黒人やヒスパニックたちに対する差別や偏見、それに対する激しい怒りや抵抗運動、そしてジョンソン政権が立法化した公民権法が、その後のアメリカ社会にどのような影響を与えているかが解説されます。最高裁判事に初めて黒人を選んだのも彼でした。ここでは法案成立をキング牧師に電話で伝えるジョンソンの音声を聞くことができます。

ジョンソンの宇宙政策を語るギャラリーでは、月の石が展示されています。一九六八年、最初の有人飛行船が月の軌道に乗ったとき、ジョンソンは「君たちは我々全員を新時代に連れ出してくれた」と讃えました。宇宙飛行士の妻たちにも電話をかけ、祝意を伝えています。

ジョンソンの電話会話を聞く
(2023年1月撮影)

しかし、ジョンソン政権は成果ばかりではありません。

次の展示はベトナム戦争です。

ジョンソンは「アメリカは一九五四年からずっとベトナムを支援してきた、これからもそれが変わることはない」と宣言します。トンキン湾事件では、ロバート・マクナマラ国防長官、ディーン・ラスク国務長官、ジョン・マコーンCIA長官といった人々による状況分析が紹介されます。停泊中のアメリカの駆逐艦を攻撃したのが誰なのか、正確な情報はありません。このまま状況を見守るべきか、それとも北ベトナムによる行為と見なし、報復すべきか――。

反撃を決定したジョンソンの判断を、六四年当時、八五％のアメリカ国民が支持しました。

その一年後、上院の院内総務マイク・マンスフィールドと交わした会話も聞くことができます。「これだけの空爆を続けているのに、ちっとも効いていない」と、彼はジョンソンに訴えています。米軍のセオリー通りにいかない相手について、ジョンソンはアイゼンハワーやニクソンにも電話で相談しています。

ジョンソンは、「ホーチミンと一緒のテーブルについて直に話せれば、きっと解決できるだろうに」とも語っています。海外で暮らした経験がなく、アメリカ国内とはまったく違う論理が働いている世界を、彼は想像できなかったのかもしれません。国内政治では、あんなにも自信に満ちて力強く物事を進めていたジョンソンが、弱音を吐きます。「大統領職は男を大きくする。しかし扱わなければならない問題は、それ以上に大きい」

結局彼は大統領再選出馬を諦め、退職を決めました。

ジョンソンを写す写真群

四階からはエレベーターで一〇階に上がります。

そこには、オリジナルの八分の七サイズに縮小されたオーバルオフィスがあります。ジョンソンが使用していた当時の様子を再現しており、机の脇には三台のテレビも置かれています。大統領デスク真正面の位置に、ジョンソンが敬愛したルーズベルトの肖像画が飾られています。

隣の部屋には、写真家オカモト・ヨウイチが撮ったジョンソンのスナップが展示されています。日系二世のオカモトは、ジョンソンに雇われたホワイトハウス最初の公式写真家で、毎日一六時間をジョンソンと一緒に過ごし、彼の様々な姿をレンズに収めました。

なかでも有名なのが、彼が最高裁判事エイブ・フォータスと廊下でおしゃべりしている写真です。ジョンソンは、相手の息を吸い込むほどに顔を近づけてしゃべったと言われているのですが、この写真では一メートル九〇センチのジョンソンが、フォータスに覆いかぶさるようにのしかかり、笑っているようでいて威圧しているようにも見え、相手も笑ってはいますが、おびえているようでもあり、典型的な「ジョンソン流接遇（The Johnson Treatment）」とされます。

下のミュージアム・ショップの入口では、フォータスの部分が消された実物大の写真が壁に貼られていて、その前に立ち、ジョンソンに見下ろされている自分の姿を写真に撮ることができるようになっています。

一〇階には、ジョンソンの死後、ここを活動拠点としていたレ

ジョンソン流接遇(2023年1月撮影)

ディ・バードのオフィスも再現されています。窓の外には、緑のキャンパスが広がり、その向こうに見えるビル群が、オースティンの中心街を示しています。

図書館を出ると、隣はリンドン・B・ジョンソン公共政策大学院です。

二〇一九年、ジョンソン図書館のミュージアムは一五万人の来館者を迎えました。開館以来の累計訪問者数は、大統領図書館のなかでも最高の約一六〇〇万人となっています。

7　リチャード・M・ニクソン　すべてを変えたウォーターゲート事件

【来歴】

聡明な少年時代

リチャード・ミルハウス・ニクソンは、一九一三年一月九日、カリフォルニア州西部のヨーバリンダで、父フランシスと母ハンナの次男として生まれました。両親、特に母親は厳格なクエーカー教徒で、五人の息子がいました（ただ長男と四男は結核で早世しています）。

リチャードが九歳のとき、一家はロサンゼルス郊外のウィッティアへ移ります。父はそこで食料品店を開き、リチャードは毎朝、登校前にこの店を手伝っていました。彼は地元の公立学校に通いましたが、小さな頃から聡明で、小学生にして早くも討論会に出たり、政治集会に参加したりしていました。

その後ウィッティア・カレッジに進みましたが、一九三四年、二一歳のときに、まだ新しかったノースキャロライナ州のデューク大学ロースクール（法科大学院）の奨学金を得て、東海岸に移ります。「人の二倍勉強して名を挙げる」が信条で、何時間座り続けても平気でいたため、同級生から「あいつは鉄の尻を持っている」と噂されたと言います。

卒業後はカリフォルニアに戻って、ウィッティアの法律事務所に就職します。三八年、高校教師をしていたひとつ年上のテルマ（パット）・ライアンに出会い、二年後、二七歳で結婚しました。その後、二人の娘をもうけることになります。

戦後、彼はかねてから興味のあった政治の世界に入ることを決意し、一九四六年、共和党から下院議員に立候補して、当選します。翌年一月に召集された下院では、このとき初当選を果たし、後に大統領となる新人二人が顔を合わせることになります。三四歳のニクソンと、二九歳のケネディです。ケネディは東部の裕福な家の出で、アイビーリーグ卒業後に政界入りした若手のホープで、洒落た服装と知的な言葉を持つ、エリートの象徴のような存在でした。ニクソンは強烈なライバル心を抱きます。

議員になると、ニクソンはすぐ精力的に動き始めます。当時活発化していた下院非米活動委員会の委員となり、国務省の高官アルジャー・ヒスがソ連のスパイだったことを摘発して「反共の闘士」としての評判を得ました。

最初の挫折

一九五〇年、今度は上院議員に立候補し、最年少議員として当選を果たします。前年に中華人民共和国が成立し、ソ連は核兵器の製造に成功、この年には朝鮮戦争が始まります。共産主義勢力が台頭してくる恐怖感を背景にして、米国ではジョセフ・マッカーシーによる「赤狩り」が席巻し、ニクソンもその活動に率先して加わりました。

一九五二年、ニクソンはアイゼンハワーの副大統領候補に指名されます。軍人出身で中道路線をとる六二歳のアイゼンハワーと対照的に、三九歳のニクソンは党内右派からの強い支持を集めていました。彼らは大統領選に勝利し、一九五三年、ニクソンは米国史上最も若い副大統領となります。

副大統領時代の有名な逸話として、「キッチン・ディベート」と呼ばれるものがあります。一九五九年にソ連を訪問したとき、ニクソンはフルシチョフ首相とともに現地で開催されていたアメリカ展を訪れるのですが、そこに展示されていた台所製品の前でニクソンがアメリカの産業技術を自慢し、フルシチョフがやり返し、そこから資本主義と共産主義の優位をめぐって二人で口論になったというものです。ニクソンは若い頃から一本気で、相手を議論でやり込めることも多かったとされますが、この一幕はアメリカでのニクソン人気を高めることになりました。

一九六〇年、ニクソンはアメリカ大統領候補となります。民主党の対抗馬は長年ライバル視していたケネディでした。ただし政治家としての実績では、ニクソンはすでにかなり先をいっていました。ケネディが民主党の予備選で多くの候補者たちと戦わなければならなかったのに対し、ニクソンは現職大統領アイゼンハワーの推薦を受け、実質的に無選挙で共和党の指名を勝ち取っていました。

しかし結果は予想外のものとなります。ケネディが三〇三人の選挙人を獲得したのに対し、ニクソンは二一九人で敗れたのです。得票数にしてわずか一一万票という僅差でした。

テキサス州やイリノイ州では票の一部に疑義があり、共和党としては「数え直し」を要求すべきだという声もありましたが、ニクソンはそうしませんでした。ここまで一直線に上りつめてきた彼にとって、最初の大きな挫折でした。議論の内容そのものより、テレビ映りが勝敗を分けたとされたことも、彼のプライドを傷つけました。

大統領就任から外交政策の大転換へ

一九六二年、ニクソンは一四年間過ごした首都を去り、カリフォルニアに戻ります。ここでカリフォルニア州知事選に挑みましたが、この頃のニクソンは運に見放されていたというべきか、そこでも敗北を喫します。失意のなかで、本を執筆したりしながら勉強を続け、しばらくは臥薪《がしん》嘗胆《しょうたん》の日々が続きます。

一九六八年、ニクソンは「法と秩序の回復」を唱えて再び大統領選に出馬し、共和党の指名を勝ち取ります。対する民主党は当時ジョンソン政権の副大統領だったヒューバート・ハンフリーでした。ニクソンはハンフリーを五〇万票の差で抑え、五六歳でとうとう第三七代アメリカ大統領となります。副大統領経験者が、その直後の大統領選で敗れながら、こうして数年後に返り咲くのは珍しいことです。ニクソンの不屈の精神が窺い知れます。

最初に向き合わなければいけなかった大問題は、ベトナム戦争をいかに終わらせるかでした。彼は「狂人理論」と呼ばれる策を試します。核の使用をちらつかせ、「何をやらかすか分からない危険な狂人」のように振る舞うことで相手を抑え込もうという戦法でした。しかしこれは功を奏せず、ニクソンはカンボジアへの空爆で逆に戦線を拡大させてしまいます。多くの大学で反戦運動が激化し、オハイオ州ケント大学では死者も出ました。

行き詰まったニクソンは、今度はこれまでの反共主義活動を覆すような思い切った外交政策に転じます。ひとつは共産主義中国の承認です。七一年七月に突然、中国訪問を発表すると、翌年二月には北京で周恩来首相と会談し、米中の国交を樹立して世界を驚かせました。

もうひとつはソ連とのデタント（緊張緩和）です。ブレジネフ書記長との間で大陸間弾道ミサイル（ICBM）などの数量制限を含む交渉を開始し、七二年五月には、最初の戦略兵器制限交渉（SALT）を締結します。

「これからは対立ではなく、交渉による外交の時代になる」と彼は述べました。翌七三年にはベトナムとの和平協定も成立させ、長く続いた戦争にようやく終止符を打つ目途をつけます。

輝かしい業績から転落へ

こうした目覚ましい業績を背景に、彼は国民の圧倒的支持を得て再選されます。民主党候補のジョージ・マクガバンに一八〇〇万票の大差をつけ、失ったのはワシントンDCとマサチューセッツ州の選挙人一七人だけという歴史的大勝利でした。

しかし一九七三年から始まった二期目は、初めから波乱含みでした。

まず就任早々に、上院にウォーターゲート事件の特別委員会が設置されます。これは選挙のあった前年六月に、ニクソン再選委員会のメンバーなどが、ワシントンDCにあるウォーターゲート・ビル内の民主党本部に侵入した事件で、映画「All the President's Men（邦題：大統領の陰謀）」（一九七六年）などでご存じの方も多いことでしょう。五月にはアーチボルド・コックスが特別検察官に任命され、公聴会の様子は連日テレビで生放送されます。七月にはニクソンがホワイトハウスでの会話を録音していたことが明るみに出て、その録音テープの提出をめぐる攻防へと発展していきます。

そうこうするうち、副大統領のスピロ・アグニューが過去の収賄や脱税で一〇月に辞任に追い込まれ、続いて司法長官の辞任、コックスの解任、下院による弾劾決議案提出と、事件は目まぐるしく展開していきます。

ただ多くのアメリカ国民は、この時点ではまだ半信半疑だったと言われます。それが徐々にテープの中味が暴かれ、彼が大統領にあるまじき汚い言葉や差別的表現を使っていたことなどが白日の下に晒され、ニクソン自身の脱税、偽装、隠蔽工作なども露見するに及んで、国民の驚きと失望は怒りに変わります。

翌七四年七月、下院司法委員会はニクソンに対する弾劾勧告を可決し、弾劾が避けられないことを見て取ったニクソンは、八月九日、みずから大統領を辞職しました。六一歳でした。現職大統領が任期途中で辞任に追い込まれたのは、アメリカ史上初めてのことでした。

その後、ニクソンはパット夫人と、カリフォルニア州サンクレメンテに戻ります。非公式の外交大使として二〇か国近くを訪問して各国の元首と会い、「外交のニクソン」としての活動を続け、多くの著作も著し、名誉回復に努めました。

一九九四年四月二二日、八一歳で死没。一年前に亡くなった妻パットとともに、大統領図書館の敷地内にある生家の傍に埋葬されています。

【大統領文書と図書館建設】

ニクソン‐サンプソン協定

ニクソンは大統領になると、早々に大統領図書館の準備を進めていました。

一九六九年の就任直後に、彼の副大統領時代の文書や個人記録などを国立公文書記録サービス部（ＮＡＲＳ）に移送し、将来の大統領図書館のための記録の整理・保存を始めさせています。また後に暴露されるのですが、南カリフォルニアの太平洋を望む景勝地に自分の図書館を建てたくて、そこに駐留していた海軍基地を取り上げる算段までしていました。

しかしウォーターゲート事件がすべてを変えます。

一九七四年九月、辞任の一か月後にニクソンは、ＮＡＲＳの上部機関である一般調達局（ＧＳＡ）を指揮していたアーサー・サンプソンに彼の図書館について相談します。そこでニクソンは、記録を彼の自宅があるカリフォルニア州内の倉庫に一時移管し、連邦政府が管理することを提案します。そして文書については三年間保存したのち、ニクソンが改めて精査して政府に寄贈するものを決め、録音テープについては五年間保存した後に破棄できるという約束を交わします。

しかしこのニクソン－サンプソン協定は、ＮＡＲＳも米国議会も知らないところで勝手に決められたものでしたから、明らかになると当然のことながら大問題になります。

このままでは録音テープを始めとした第一級歴史資料が破棄されかねないという危機感を強めた議会は、即刻、特別立法として「大統領記録資料保存法」を成立させてニクソンの全記録を差し押さえます。ニクソンはすぐにこの法律に抗議する法的措置をとり、大統領特権やプライバシーの侵害を訴えて最終的に連邦最高裁判所まで争いますが、一九七七年に下された最高裁判決はニクソン－サンプソン協定を無効とし、大統領が記録を私有する特権を認めないというものでした。

こうしてニクソンの四二〇〇万ページにおよぶ文書と九五〇リールのテープはすべて、首都ワシントンに近いバージニア州アレクサンドラのNARSの倉庫に送られ、そこで管理されることになりました。

私設記念館の建設

ニクソンの親族や支持者たちはそれでも、ニクソンの生い立ちや大統領になるまでの記録を集めて、彼の記念館を建設したいという希望を持っていました。

まずニクソンの母校・デューク大学の学長が誘致に名乗りを挙げます。学長にしてみれば同校卒業生から大統領が出たことをアピールしたかったのでしょうが、これには大学の教員や学生から猛烈な反対運動が起きます。彼らは「ニクソンは米国の名誉を傷つけた人間だ」「図書館建設は彼の行為を容認することになる」などとして撤回を要求し、結局、大学理事会は学長の提案を却下します。

一九七八年、ニクソンの家族や支持者らは「リチャード・ニクソン財団」を設立します。財団は記念館建設のための資金集めを開始し、同時に、生まれ故郷のカリフォルニアで土地探しも始めます。それはニクソンの希望でもありました。

一九一二年に父親が建てた彼の生家は、ニクソン一家が引越したあと、何人かの手に渡り、四八年からは隣接する小学校の管理人の家として使われていました。ニクソン財団は八八年、その小学校が取り壊されることになったのを機に、家と周辺の三万六〇〇〇平米の土地を買い取ります。

家は修繕され、あらためてニクソンが育った頃の調度品が揃えられ、周辺には庭が整備されました。

九〇年七月、そこに新たな記念館が建設されたとき、ニクソンはすでに退任後一六年を経て、七七歳となっていました。ニクソンの大統領記録はすべて、はるか遠い東海岸で管理されていましたが、ニクソン記念館はニクソンの私物を集め、財団による運営を始めます。

オープニングの式典には、当時現職だったパパ・ブッシュと、フォード、レーガンの二人の元大統領が出席しました。スピーチに立ったブッシュは、ニクソンが「国家間の平和という、大統領として最大の大義のために人生を捧げた」ことを讃え、マスコミはこの開館をニクソンの名誉回復の一里塚と報道しました。

復元されたニクソンの生家(2022年11月撮影)

国立公文書館の管理下へ

二〇〇四年、ニクソンの死から一〇年後に、遺族はこの記念館を国に寄贈し、政府の管理下におきたいという意向を伝えます。財団の資金が続かなくなったという見方もありましたが、やはり他の大統領と同じく、国の施設になるという栄誉を求めたのだとも言われます。

こうして〇七年七月、開館から一七年、ニクソンの死後一三年を経て、ニクソン記念館はNARAの管理する大統領図書館のひとつに加わります。

メリーランド州にあるNARAの新施設に移されていたニクソンの大統領文書、音声テープ、物品などのすべてがカリフォルニアに運ばれ、国による図書館運営が始まりました。

しかし再出発はそう簡単ではありませんでした。ウォーターゲート事件の扱いでは、私設記念館時代の展示がいったん撤去されたものの、NARAが任命した新館長ティモシー・ナフタリと財団職員たちとの間で展示方針をめぐって確執があり、三年以上、空き部屋状態が続きました。

結局ナフタリは辞任しますが、その後も展示内容の改革には何年もの月日がかかります。

大規模な改修が行なれたのはさらに一〇年後、二〇一六年になってからです。全体の構成がブラッシュアップされ、オープン当初にはなかった執務室（オーバルオフィス）や、マルチメディアを使ったインタラクティブな展示が追加されました。かつては二万人を割った年間訪問者数も、今では一〇万人近くにまで回復しています。

また同館にはニクソン政権下で長く補佐官を務め、「影の帝王」とも呼ばれたヘンリー・キッシンジャーの記録群も保管されています。ニクソン図書館はアーカイブ利用者数が年間一〇〇〇人超と比較的多いのが特徴なのですが、大量のキッシンジャー・ファイルがそれに貢献していることは間違いないでしょう。キッシンジャーが亡くなった二〇二三年一一月末には、ニクソン財団から、彼の功績を讃えるステートメントが発表されています。

【ミュージアム訪問】

ニクソンとは何者なのか

ニクソン図書館に行くには、ロサンゼルスのユニオン・ステーションからアムトラック（鉄道）とバスを乗り継いでいくことも可能なのですが、運よく知人がロサンゼルスに親戚がいると言って紹介してくれたおかげで、彼女の車に乗せてもらうことができました。列車とバスなら一時間半はみなければならない行程も、車ならダウンタウンからまっすぐ西に、四五分程度で到着です。

駐車場に車を停め、赤屋根の平屋に入ります。ロビーは広く、巨大なニクソンの写真に見守られながらチケットを買うと、最初に映写室に通されます。

観客が皆、座ったのを見届けると、年配の職員が問いかけます。「ニクソンと言えば？」「ウォーターゲート」という即答が最前列から返ります。「その通り。だけどそれだけじゃない」と男性職員は話し始めます。「ウォーターゲートのために、それ以外のことがすべて忘れられてしまっている。でも彼が大統領として成したことは決して小さくない。このミュージアムで、ウォーターゲート以外のニクソンをぜひ学んでほしい」
そしてニクソンの人生を紹介する七分のビデオが始まります。彼の生い立ちを短いカットで解説しながら、キッシンジャー、パット・ブキャナン、クリストファー・ニクソン・コックス（ニクソンの孫）、その他の歴史家や作家などが口々にニクソンを評します。「恥ずかしがり屋」「負けず嫌い」「勉強家」「聡明」「アイディアマン」「大胆」「革新的」「思索家」など、語られるキーワードが飛び交い、交差します。「答えはそう簡単じゃない。リチャード・ニクソンとは何者なのか。彼は世界をどう変えたのか」と問いかけて、映像は終わります。

シアターを出ると、六〇年代の時代状況を描く部屋に入ります。ジョン・F・ケネディ、マーティン・ルーサー・キング・ジュニア、ロバート・ケネディと続く暗殺、ベトナム戦争と広がる反戦運動、各地で激化する市民権運動など、世の中が先の見えない不穏な空気に包まれていたなかで、ニクソンが大統領に就いたことを伝えます。

なかでもベトナム戦争は大きな課題でした。「名誉ある和平」を約束して大統領になったニクソンは、就任したその日からこの問題に向き合います。大統領宛てに国民から送られ

ニクソン大統領ミュージアム入口ロビー
(2022年11月撮影)

てきた手紙の山、当時の戦費、派兵状況、戦場での捕虜たちの問題などが細説され、問題の複雑さが示されます。ニクソンが膨大な資料を集めて戦況分析をしていたことも分かります。

そしてオーバルオフィスがあります。これまでの大統領図書館執務室では、ロープが張られていたり机をガラスケースのなかに入れたりしていたのですが、ここでは自由になかに入って机や棚に触れることを許してくれます。大きくがっしりとした机、棚に飾られている木彫りの鳥（デコイ）など、彼がクエーカー教徒であったことを思い出させます。

次のギャラリーでは彼の国内政策が紹介されます。

環境保護庁（ＥＰＡ）の創設、癌を撲滅するための研究補助、銃規制、選挙年齢の引き下げなど、これがニクソンなのかと疑いたくなるようなリベラルな政策が続きます。

ホワイトハウスで録音されていた音声テープのいくつかも聞けるようになっています。大麻を収穫できないようにする方法とか、中国から贈られるパンダをどう迎えようかとか、ニクソンの口から奇抜な案が飛び出したりすることに驚かされます。娘と夕食の約束をする電話では、メロメロな父親の顔がのぞきます。

このミュージアムの素晴らしい点は、こうした映像や音声のすべてに、かならず英語の字幕をつけてくれていることです。耳で音声を聞きながら、前のスクリーンに文字が表示されれば、聞き取れずに泣きべそをかかずにすみます。他の図書館でもぜひ導入してほしいと願わずにはいられない、ありがたい支援装置です。

ニクソンの決断に身を置いてみる体験

外交政策では、一九七二年の訪中にまつわるエピソードが一部屋を使って紹介されています。ニクソンの下で密かに外交交渉を進めたキッシンジャーの証言が映像で流れ、二五年間、まったく話をしてこなかった二国が国交を樹立するまでの苦労が語られます。訪中を控えたニクソンのノートには手書き文字がびっしりと書き込まれ、いかに入念に事前準備を進めていたかが窺えます。また万里の長城を歩いたりパンダを見学したりといった八日間の滞在日程、その場その場でのスピーチ内容、食事会の席順など、上海コミュニケに至る歴史的大転換がどう準備され、達成されたかが説明されます。

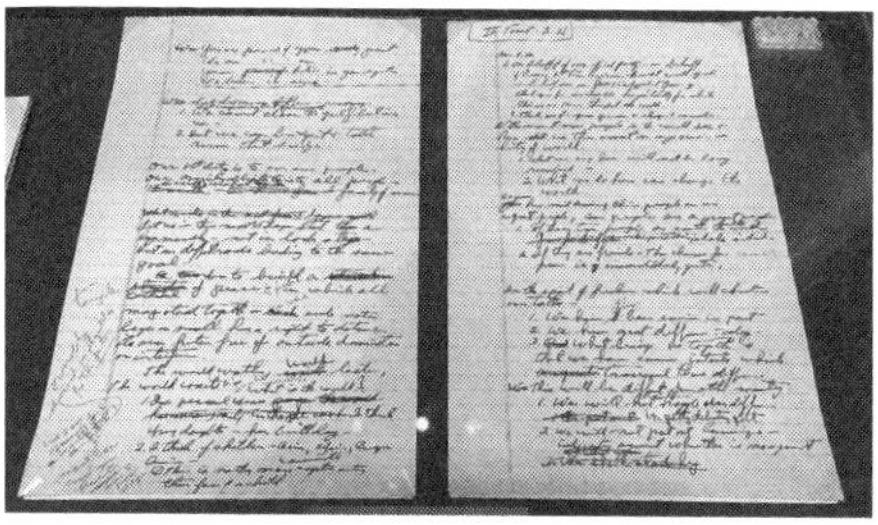

ニクソンの手書きノート（2022年11月撮影）

この部屋には、中国人と目される見学者も数人いました。彼らにとっては、ニクソンがいかに中国との門戸を開こうとしたのか、興味の尽きない展示であるに違いありません。

そのほか、ソ連とは核兵器保有をめぐってＳＡＬＴを結び、ルーマニアとは経済協定を結ぶなど、ニクソンが共産主義国それぞれに違ったアプローチをとったことが紹介されます。ホワイトハウスでルーマニアの大統領チャウシェスクと対面したときの議事録も見ることができます。

若い頃のようなけんか腰のニクソンはすでになく、洗練された外交手腕を持つプロフェッショナルな姿が浮かび上がります。「きっとすごく頭のいい人だったんだと思う」と、ドライバーとして私を連れてきてくれたタニスが横で呟くように言いました。彼女は実はここに来る途上、「私、ニクソンは嫌いなのよ」と言い放ち、ミュージアム見学も、駐車場でただ待つよりはましだから、と付いてきたのですが、いまや私以上に熱心にパネルを読み、感想を口にするようになっています。

次の部屋では、ニクソンが行なった「厳しい決断」をインタラクティブに学ぶ端末が用意されていました。

たとえば「カンボジアへの空爆」では、最初の画面でまず当時の概況が説明されます。そしてキッシンジャーの助言やCIAによる現状分析が示され、そのひとつひとつに自分なりの評価を付けながら先に進み、最後には自分自身で、カンボジアに空爆を開始するべきかどうか、決断ボタンを押します。するとこれまでの訪問者の回答統計が示され、同時にニクソン自身の判断も表示されます。

この他に中東の戦争への介入、徴兵制を止めて志願兵のみに切替える政策など、いずれもその賛否が大きく分かれる問題が扱われ、ニクソンの「厳しい決断」のプロセスを追体験することができます。

日本にも「英雄たちの選択」というＮＨＫ－ＢＳの番組がありますが、その時リーダーがおかれた状況に身を置き、自分だったらどう決断するだろうかと思いを馳せ、自分の選択と史実の答え合わせをするというのは、歴史を学ぶ醍醐味と言えるかもしれません。

次の展示は一九七二年の選挙です。全米の地図がニクソンの共和党を示す真っ赤で染められ、ニクソンの勝利がいかに圧倒的だったかを伝えています。

エスカレートしていく盗聴

次のギャラリーに入ると、明るい空気が一変して、真っ黒な壁が立ちはだかります。ウォーターゲート事件です。

ワシントンのウォーターゲート・ビル侵入に関与した六人のプロフィール、ものごとが発覚していく過程、それに対してニクソンがとった行動、押収されたテープの欠落部分、特別検察官による調査、裁判経過などが詳しく説明されます。立ち止まり、食い入るようにじっと説明を読む人々で、室内にちょっとした熱気を感じるほどです。

執務室での秘密録音はすでにルーズベルトの時代に始まり、歴代の大統領にずっと引き継がれてきたのですが、その規模がニクソン政権では飛躍的に拡大しました。特に一九七一年、国防総省の「ペンタゴン・ペーパーズ」が暴露されてからは、内部通報を恐れ、ニクソンは録音装置をホワイトハウスの他の三つの部屋にも設置します。しかも執務室には七つ、閣議室には八つなど、取り付けられたマイクの数も尋常ではなく、各部屋で交わされる側近たちの会話がすべて自動録音される仕組みでした。翌七二年五月にはシークレットサービスに命じて、キャンプデービッドの書斎にも盗聴器を取り付けさせ、盗聴対象もホワイトハウス内から、報道機関、反戦活動家、民主党員へと広がっていき、全録音時間は三七〇〇時間に及んだとされます。ウォーターゲート事件で逮捕されたのは、まさにそうした工作に関与していた人々です。事件はニクソンの「盗聴文化」が生んだ、当然の帰結とも言えました。

ウォーターゲート事件(2022年11月撮影)

部屋の最後では、彼が辞任の日にホワイトハウスのスタッフに語ったスピーチ映像が流れています。

「失ったとき、負けたとき、人はすべての光を失い、人生が終わったと感じてしまう。しかしそれは違う。尊さはその後にくる。試され、倒され、苦しんだあとに、尊さがくる。深い谷を経験してこそ、山頂に立つ素晴らしさを知ることができるように。人はあなたを憎むかもしれない。しかし彼らはあなたを打ち負かすことはできない。ただしあなたが彼らを憎めば、あなたは自滅することになる。だから私は、潔い精神と、深い謙譲を持ってこのオフィスを去ろうと思う」

歴代大統領のなかでも屈指の感動的スピーチと称賛されるこの会見が、辞任のときになされたというのは、何とも皮肉と言わなければなりません。

ポーカーの名手から外交アドバイザーへ

次の展示屋では一転し、ニクソンの幼少期に戻ります。父親の食料品店での仕事、学校時代、パットとの結婚、第二次世界大戦への従軍などのエピソードが写真とともに紹介されます。

パットには出会ったその日にデートを申込み、断わられると、「そんなこと言わないで。僕らは結婚するかもしれないんだから」と言ったそうです。またニクソンはポーカーが非常にうまかったらしく、政治家になってからも、いつ賭けに出て、いつブラフをかまし、いつ引くかのタイミングをポーカー・ゲームで学んだと語っています。

続いて議員時代の活動、アイゼンハワーの下での副大統領時代、マッカーシズムへの加担、一九六〇年大統領選でのケネディへの敗北などが語られます。

退任後は、執筆や外交活動に専念します。ニクソンは外交についてその後に続く多くの大統領たちの相談に乗り、アドバイスを提供したそうですが、とくにビル・クリントンとは親交を深めたそうです。二人で談笑する写真が展示されています。

庭に出ると、人工池があり、その両側にはヤシの木が並びます。庭にある彼の生家には、子供の頃に弾いていたピアノやバイオリン、読んでいた本も置かれていて、経済的に豊かとは言えなくとも、そこに愛と信仰があったことが窺えます。

少し離れた場所には、ホワイトハウスを去るときに彼が乗ったヘリコプターの実機が置かれていました。

ニクソン図書館のミュージアムは二〇一九年、九万八〇〇〇人を迎え、NARAの管理下に入ってからの訪問者は累計一〇〇万人になりました。

8　ジェラルド・R・フォード　ミシガンの歴史に刻まれる双子の施設

【来歴】

四半世紀の下院生活

ジェラルド・ルドルフ・フォード・ジュニアは、一九一三年七月一四日、ネブラスカ州オマハに生まれました。

生まれたときはレスリー・リンチ・キング・ジュニアという名前だったのですが、母ドロシーは夫の暴力に耐えかねて乳飲み子の彼を連れて飛び出し、ミシガン州グランド・ラピッズの実家に帰って離婚します。その後、母親が地元のビジネスマンであるジェラルド・ルドルフ・フォードと再婚したため、彼も継父の名をとって名前を変えました。彼はその後生まれた三人の弟たちと一緒に育ちます。

ジェラルドはグランド・ラピッズの学校に通い、学業もスポーツも優秀で、ボーイスカウトの最高ランク、イーグルスカウトも獲得しています。ただ人を押しのけて進むタイプではなく、性格もさばけていたようです。

一九三一年、ミシガン大学に入学し、そこでフットボールの選手として二度の優勝を経験し、卒業時には複数のプロチームからオファーも受けました。しかし彼は法律家を志し、イェール大学ロースクール（法科大学院）に進学します。イェール大ではフットボールやボクシングのコーチを務めながら学費を稼ぎました。

卒業後は故郷のグランド・ラピッズに戻って友人と法律事務所を開きますが、四一年に第二次世界大戦が勃発すると海軍に入隊します。太平洋で一〇回の海戦を経験しますが、フィリピン沖で台風に巻き込まれ、死線をくぐったこともありました。

四八年、三五歳でエリザベス（ベティ）・ウォーレンと結婚します。その後、二人の間には四人の子供が生まれました。

結婚とほぼ同時に、フォードはミシガン州の共和党から下院議員に当選し、それから二四年間にわたる下院議員生活が始まります。しかし彼は主要法案の起草に関わったことは一度もなく、大統領はおろか上院議員や知事を目指したこともなく、七三年、六〇歳を迎えた彼は、あと一期で引退すると妻に告げていました。

突然の大統領就任とニクソン恩赦

一九七三年一〇月、ニクソン政権下でアグニュー副大統領が金銭上のスキャンダルにより辞任すると、フォードは突然、その後任に指名されます。下院議員として四半世紀の長いキャリアを持ち、もし次の選挙で共和党が多数派を握れば、下院議長になるだろうとも目されていましたから、人事としては順当だったのでしょう。またフォードは長年、歳出委員会で予算調整を担当し、公正で実直という評判を得ていましたので、議会承認もスムーズにいくことが期待され、スキャンダルに揺れるニクソン政権のダメージをこれ以上広げないためには適任だとされました。「最後に副大統領というのは悪くない仕上げだ」とフォードは妻に語っています。

ところがその九か月後に、今度はニクソンがウォーターゲート事件で辞任し、七四年八月、フォードはあれよあれよという間に第三八代アメリカ大統領となります。このときの副大統領ネルソン・ロックフェラーはフォードが指名しましたから、正副大統領がともに選挙を経ずに就任するという、アメリカ史上初めての事態でした。

フォードは就任演説で、自分が選挙で選ばれていない事実を認め、「皆さんの祈りで私を大統領として承認してください」と呼びかけました。そしてキッシンジャー国務長官とウィリアム・サイモン財務長官を除いた全閣僚メンバーを交代させ、新しい政権をスタートさせます。

就任当初、フォードの人気は悪くありませんでした。ニクソンの狡猾さや、権力の乱用とも言える身勝手な振る舞いにウンザリしていたアメリカ人たちにとっては、「普通のいい人」と評されたフォードは好感を持って受け止められ、マスコミもその庶民性をアピールしました。「私はフォード（大衆車）であって、リンカーン（高級車）ではない」といった言葉がもてはやされ、彼があやまって壁に頭をぶつけたり滑って転んだりする姿さえ、ほほえましく報じられたのです。

しかし就任一か月後に、ウォーターゲート事件に関するすべての疑惑からニクソンを恩赦したことで、人気は急落します。

「前大統領への憎しみに終わりを告げ、今は前に進む時だ」とフォードは国民に寛容を呼びかけます。しかし恩赦によって裁判もなくなり、ニクソンは元大統領としての特権も保証されましたから、理不尽を感じる国民は少なくありませんでした。フォードが後継に指名されたのは事前にニクソンとの裏取引があったためではないのか、という疑惑さえ取り沙汰され、マスコミが彼につける形容詞も、「凡庸」「単純」「ぶっきらぼう」に変化しました。

その年の秋の中間選挙で共和党は大きく議席を減らします。上下両院ともに三分の二以上の議席を獲った民主党は勢いを得て、大統領軽視が加速します。ジョンソン元大統領はかつてフォードを、「ヘルメットなしにアメフトをやり過ぎた男」と揶揄したことがあるのですが、そんな言葉がまた口の端に上ってくるほど、大統領の権威は地に落ちていました。

政府の透明性を確保する

議会では政府の透明性を確保するための立法が次々と成立します。

まず一九六六年制定の「情報自由法（ＦＯＩＡ）」が大幅に改正されます。これは政府情報の開示義務を著しく強化するもので、これ以降、連邦政府の全機関は保有文書の目録を公表することが義務づけられました。また情報開示請求が拒否された場合、請求者は連邦の地区裁判所にその判断の是非を問うことができるようにもなりました。情報公開法の歴史では画期的とも称される大改正で、これ以降、ＦＯＩＡの利用（およびそれに関連した裁判）は劇的に増加することになります。

大統領記録については、より厳しい措置がとられようとしていました。それまでの大統領図書館法では、大統領文書は大統領個人のものとされ、大統領が政府に文書を「寄贈」する形がとられていたわけですが、議会はもう、そんな特権を大統領に与える気はありません。「大統領記録資料保存法」を成立させ、ひとまずニクソンの全記録を差し押さえたうえで、大統領記録の何が「公文書」で何が「私有物」なのか、裁判の行方を見守りつつ、法改正の議論が続きました。

七六年には「サンシャイン法」が成立します。ＣＩＡの違法な諜報活動が停止されると同時に、全省庁に対し、会議の事前通告と公開開催が原則義務づけられました。

フォードは時には拒否権を発動したりしながらも、こうした大きな流れを追認します。「民主主義社会において国民は、政府の決定のみならず、それがどういう理由で、どのような過程を経て決定されたのかも知る権利がある」と彼は述べています。いかに透明性を確保し、政府に対する国民の信頼を取り戻すかは、彼にとっても最重要課題でした。

退任後、南カリフォルニアへ

同七六年、フォードは気が進まないながらも大統領選に立候補しますが、その時に大反対したのがカリフォルニア州知事で元俳優のロナルド・レーガンです。現職大統領の立候補に、党内からこれほどあからさまな反対が出るのは異例です。しかもこの年はちょうどアメリカ建国二〇〇周年にあたり、一連のお祝い行事のなかでスピーチの機会も多く、本来は圧倒的に現職が有利なはずでした。しかし国民から選ばれていないという事実、民主党との協調姿勢などがレーガンを筆頭にした党内右派を勢いづけていました。フォードは機会あるたびに「非難より和解」「処罰より再建」を呼びかけ、八月の党大会ではかろうじてレーガンを振り切って、共和党の指名を勝ち取ります。

一方、民主党が指名した大統領候補は、ジョージア州で知事を一期務めただけという、ほとんど無名のジミー・カーターでした。それに対して四半世紀にわたってキャピトルヒル（連邦議事堂）にいたフォードは、「ワシントンの既成政治」の象徴のように見られ、フレッシュなカーターの勢いに押されます。ケネディ―ニクソン以来、一六年ぶりに開かれたテレビ討論会でも、彼はソ連と東欧の関係について失言を犯します。結局彼は接戦を制することができず、フォード政権は二年五か月の短命で終わることになりました。

大統領文書に関する調査委員会による報告書、ニクソンの起こした裁判への最高裁判決、そして大統領記録法の制定などが出揃うのはすべて、次の政権になってからです。混乱の時代に終止符が打たれ、新しいスタートを切るまでには、まだしばらくの時間がかかったということでしょう。

選挙に負けたフォードは、カリフォルニア州に移住します。副大統領になる前に彼が妻に語っていた「引退生活」は、「故郷のグランド・ラピッズに戻り、週三日働いて、あとの四日はゴルフをして過ごし、冬は休む」というものでした。しかし実は大統領就任後間もなく、妻のベティは乳がんが見つかり、手術を受けていました。彼は予定を変更し、気候が温暖な南カリフォルニアを引退後の居住地としたのでした。

その後フォードは九三歳まで長生きし、二〇〇六年一二月二六日に亡くなりました。ベティはその五年後、やはり九三歳で死去し、いまは二人並んで、故郷グランド・ラピッズにある彼のミュージアムの傍に埋葬されています。

【大統領文書と図書館建設】

ミシガン歴史コレクションでの文書保管

一九六四年、まだミシガン州選出の下院議員だったときに、フォードはミシガン歴史コレクシヨン（ＭＨＣ）の訪問を受けています。彼の議員記録をＭＨＣで保管したいという申し出でした。アメリカでは、その州から選出された主要議員の活動記録を地元の歴史資料館などが管理・保存することがよくあります。ＭＨＣは一九三五年にミシガン大学の歴史学教授だったルイス・ヴァンダー・ヴェルデが同校の付属機関として設立し、それ以来、ミシガン出身著名人の記録収集・保持に努めてきた機関で、共和党のリーダーとなったフォードの資料も、その対象に加えられたのでした。

フォードはそれまで自分の記録に価値があると考えたことはなく、保管場所の問題もあって、議会が新しい年度になるたびに、前年度の資料をさっさと処分していました。しかし母校ミシガン大学が、故郷の偉人の一人として彼の資料を保存したいというのですから名誉な話です。彼は今後、議会年度が終わるたびに自分の資料をＭＨＣに移管することに同意します。資料はとりあえず五年間保管してもらい、公開するかどうかはその後、改めて考えるという契約でした。

こうしてＭＨＣには一九六三年以降のフォードの議会活動記録が送られていきます。その年にはケネディ暗殺を調査するウォーレン委員会も立ち上がり、フォードは委員会のメンバーとして暗殺者オズワルドの経歴作成を担当しましたので、六四年に委員会が報告書をまとめると、その関連資料もすべてＭＨＣに送られました。

一九七三年一〇月、フォードが副大統領になるとＭＨＣはにわかに慌てます。これまで同州出身者でホワイトハウスの住人になった人はいませんでした。アーカイブの価値が一気にあがり、それに伴って管理責任も重くなったと感じたMHCは、それまで離れた倉庫に積み上げていたフォードの文書を取り出し、ミシガン大学ベントレー図書館の近代的な耐火装置と安全管理が施された部屋に移動させました。専門スタッフも雇用され、資料は中性紙のフォルダに入れ替えられ、彼が議員になる前の資料収集も始まりました。

ミシガン州出身の初めての大統領

七四年八月、ニクソンの辞任を受けて、フォードは大統領になります。これはミシガン州にとっては一大事件で、州内の対立も誘発します。フォードが育ったグランド・ラピッズ市と、ミシガン大学のあるアナーバー市が、大統領図書館の設置をめぐって競うことになったからです。

フォードの議会記録を保管しているミシガン大学は当然、大統領図書館もキャンパス内に建てることをフォードに要請します。一方のグランド・ラピッズも、大統領図書館ができれば、観光客が増えて地域経済の活性化につながると考え、ジェラルド・フォード記念委員会を早々に立ち上げ、招致活動を始めます。市立ミュージアムはフォードの特別展示を開催し、フォードが一九二二年から二九年まで住んだ家のすぐ傍に位置していた市の図書館委員会は、このプロジェクト全体を自分たちが仕切るべきだと主張しました。まだ連邦議会で「大統領文書」の定義も定まらず、何をどう保管するかも決まらない段階から、ミシガン州では招致合戦が繰り広げられていたのです。

フォードは七六年一二月、双方をたてるために、アナーバーにあるミシガン大学に文書類を渡してアーカイブとし、グランド・ラピッズにはそれ以外の、写真や物品類を渡してミュージアムにするという折衷案を考えました。これは、ひとつの建物のなかにこの二つの機能を共存させるという従来の大統領図書館のコンセプトからは外れるものでしたが、NARSのジェームズ・ローズ長官はこの案を受け入れます。こうしてフォードは、車で二時間以上かかる離れた場所に、アーカイブとミュージアムの二つの施設を持つことになりました。

大統領記録の保管場所が、大統領就任後二年というこんなに短期間で決まるのは、フォードが初めてのことでした。何事につけ、あまり議論を長引かせることなく、さっさと決めてしまいたい性格なのかもしれません。

双子の施設

一九七七年、大統領を退任するとすぐにフォードは図書館建設のための資金調達を開始します。当初は五〇〇万から六〇〇〇万ドルの調達を目標としていましたが、図書館がオープンする八一年までには一二〇〇万ドル近くが集まりました。

アーカイブのほうは七八年にミシガン大学とNARSが協定を結び、キャンパス内での建設が決まりました。建築は、ミシガン大学ベントレー図書館を建てたのと同じジックリング、ライマン&パウエル社が担当し、同館の近くに、二階建て三七〇〇平米の建物を完成させました。MH

Cが整理してきたフォードの文書もそのままNARSに寄贈され、八一年四月に開館。翌年初頭には、早くも大統領文書の一部公開を始めています。

一方グランド・ラピッズのミュージアムのほうは、マービン・デウィンター・アソシエーツが建設し、同じ八一年の九月に開館しました。開館時には現職のレーガン大統領とブッシュ副大統領、カナダのピエール・トルドー首相（現在のジャスティン・トルドー首相の父親です）、ミシガン州のミリケン知事、フォード政権下で働いたヘンリー・キッシンジャー、アラン・グリーンスパンなどが出席しました。同時期に、アートセンター、コンベンション・センター、シンフォニーホール、ホテルなども川の対岸に次々と建てられ、町の景色を一変させます。

しかし二〇〇キロ以上離れたアーカイブとミュージアムを同時に運営するのは容易なことではありませんでした。初代館長として二つの施設を行き来することになったエレーヌ・ディディエはNARA長官に対し、二度とこんな案を承認してはいけないと進言したと言います。

その後ミュージアムは二〇一四年から二年間かけて、大規模な改修を行なっています。改修のために新たに一三〇〇万ドルが集められ、多くの映像資料がデジタル化されるとともに、学校の生徒たちのための学習センターも追加されました。展示室には、多くのタッチトーン・スクリーンが配置され、子供たち向けの学習プログラムが用意されています。

会話録音の終わり

ところでフランクリン・ルーズベルトからニクソンまで、六代にわたって続けられてきたホワイトハウスでの会話録音は、フォード以降、ぱったりと途絶えることになりました。そんなことがまた発覚しようものなら、退任後に提出を迫られるのは火を見るより明らかでしたから、もう会話を録音しようとする大統領はいませんでした。

それは会議の参加者たちの自由な発言を保証することでもありました。閣僚やアドバイザーたちにしてみても、録音されているかもしれないという疑心暗鬼にかられては、率直な意見を口にできなくなってしまいます。しかし一方でそれは、執務室で交わされるリアルタイムの緊迫したやり取りを、後世の私たちが聞く機会を、永遠に奪うことにもなりました。

将来の開示可能性が生まれたとたんに、逆に記録が残らなくなってしまうという公文書のパラドックスは、アーキビストたちの永遠の課題かもしれません。

【ミュージアム訪問】

川面を映し出す建物

フォード図書館のミュージアムがあるグランド・ラピッズに行くには、ミシガン州のジェラルド・フォード国際空港から、車を一五分ほど走らせます。医療、航空部品、家具などの産業を持つ人口二〇万人ほどの地方都市ですが、それなりに高層ビルも建ち並び、コンパクトな街中にはホテルもレストランも（寿司屋まで！）あって、夏の週末には通りが人と音楽で溢れます。

町の名は、西側に流れるミシガン州一番の大河（グランド・リバー）がかつては急流（ラピッズ）だったことに由来する言いますが、幅一〇〇メートルほどの川は今はゆったりと流れ、向こう岸に広がる八万平米の公園に向けて何本もの橋がかけられています。

フォード大統領ミュージアム正面（2023年8月撮影）

ミュージアムは直角三角形の形をした二階建てなのですが、その長辺が川に面しており、巨大なガラスの壁が公園と川、対岸の街を映し出します。訪問時には手前の人工池に水が入っておらず、ここから一二メートルの高さまで水を突き上げるという噴水も、残念ながら見ることができませんでした。

エントランスの手前にはフォードの銅像が立ち、その裏の学習センターの入口には、宇宙船から出て遊泳する飛行士の銅像があります。フォードは、自分が宇宙開発を支援したことを記念する何かがほしいと希望し、それをフォード財団が叶えたということでした。

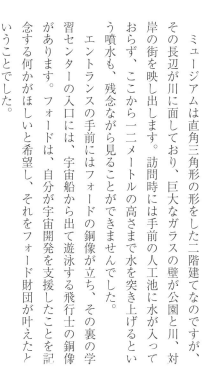

大学フットボールのスター

ミュージアムはちょっと面白い構造で、一階のエントランスから階段を上がると、二階のちょうど真ん中に出るようになっています。一応の見学順路はあるのですが、中心から始めて、直線や曲線で仕切られた壁のこっちを見たりあっちを見たり、かなり自由に小部屋を行き来しながら展示を楽しむことができます。

導入の映像は七分ほどで、彼の自伝と同じ「A Time to Heal（癒しのとき）」というタイトルが付けられ、ウォーターゲート事件後の混乱や国民の苛立ちを癒すために、フォードが苦しみながらも懸命に働いたことが紹介されています。

シアターを出るとすぐ、彼の幼少期を紹介する展示室に入ります。家族の肖像や、ボーイスカウトでの活動が紹介され、ミシガンの風土とフォードの愛すべき「中西部気質」が説明されています。気さくで小さなことにこだわらない、「古き良きアメリカ人」のイメージでしょうか。

学生時代の展示にはフットボールのユニフォームやトロフィー、メダルが並びます。私の知っているフォードはすでに六〇歳を超え、頭も禿げ上がったオジサンでしたが、若い頃の写真は意外なほどイケメンでカッコよく、さぞかしモテたろうと思わせます。

そして世界大戦が始まり、海軍時代の展示に入ります。彼は戦艦に乗りたくて、あらゆる伝手に手紙を書いて頼んだそうです。そして一九四三―四四年、パプアニューギニア、フィリピンなどで日本軍との熾烈な戦闘を経験します。四四年一二月には大型の台風に巻き込まれ、駆逐艦三隻と八〇〇人の同僚が命を失っています。

九死に一生を得て戦争から戻った彼は、グランド・ラピッツでダンスを教えていたベティ・ウォーレンと出会います。若く美しいベティの写真があります。彼女は元モデルだけあってスタイルも抜群です。二人は四八年に婚約しますが、フォードは同時に下院議員に立候補していたため、ベティの過去の離婚経験が有権者にどう受け止められるか分からないという理由で、結婚式は投票日直前まで延期されたそうです。

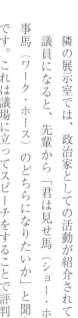

展示では、「議員になどなれるわけはないと思っていた」というベティの言葉や、選挙キャンペーンの合間を縫って、彼が泥だらけの靴で結婚式にやってきたときの思い出などが語られています。一九四八年、妻と下院議員バッジの両方を手に入れたフォードは、人生の新しいチャプター（章）に進みます。

学生時代のフォード（2023年8月撮影）

隣の展示室では、政治家としての活動が紹介されています。

議員になると、先輩から「君は見せ馬（ショー・ホース）と仕事馬（ワーク・ホース）のどちらになりたいか」と聞かれたそうです。これは議場に立ってスピーチをすることで評判を得たいのか、それとも委員会に入って専門知識を磨きたいのか、という意味だそうです。彼は後者を選び、翌年には連邦予算の決定権を握る歳出委員会のメンバーとなってキャリアを積んでいきます。

フォードのみるケネディ暗殺とウォーターゲート事件

展示室のあちらこちらにはタッチパネルが置いてあり、細かな情報を見たい人はこれを操作するようになっているのですが、そのひとつがケネディ暗殺について調査するウォーレン委員会についての解説でした。

またニクソン政権で副大統領になってからの彼の活動を紹介するコーナーでは、ウォーターゲート事件を解説するビデオ映像が流れていました。事件の発端からニクソン辞任まで、当時のニュースを使いながら、非常にコンパクトで分かりやすい解説になっています。

大統領図書館を巡っていて面白いと感じるのは、こういうときです。

たとえばウォーレン委員会について、ケネディ図書館ではまったく触れられず、次代のジョンソン図書館には調査報告書の簡単な紹介があるだけですが、ここフォードのミュージアムでは、委員会の構成や証言の数々、当時の報道など、踏み込んだ記録を詳しく読むことができます。

ベトナム戦争については、ジョンソン図書館ではその時々、個々の事件や戦況を伝えることが中心なのですが、全貌をより包括的に分析しているのはニクソン図書館のほうです。

そしてウォーターゲート事件では、ニクソン図書館が長く細かな説明をしているのに対し、フォード・ミュージアムでは全体の流れを分かりやすく五分の映像にしているのです。

大統領が事件の「当事者」である場合より、その「継承者」である場合のほうが、細かい分析が提示されることもあれば、逆に簡略化されて全貌を把握しやすくすることもあります。取り上げる視点や角度、精度の違いは、その事件に向き合った大統領のかかわり方を反映していて、一人一人の大統領の人生が、あちらこちらで重なりながら、アメリカの歴史になっていく面白さを実感できる気がします。

ウォーターゲート事件のニュース映像
(2023年8月撮影)

ニクソンへの恩赦の是非

大統領になったフォードは、不況でありながらインフレが進むスタグフレーション、ニクソンがやり残した中国やソ連、ベトナムなどとの外交問題と向き合います。しかしメディアの関心はいまだニクソンの裁判にあり、フォードが記者との信頼関係を築くために毎日のように開いた会見でも、彼に向けられる質問はニクソンのことばかりでした。

フォードは側近を集め、ニクソン問題を協議します。何せ当時の「歴代の悪者ランキング」投票でニクソンはヒトラーより上を行き、国民の懲罰意識は最高潮に達していましたから、この問題に一切関わらないほうがいい、とフォードに進言する補佐官もいました。ここで恩赦を与えれば、支持率は一気に下がり、今年の中間選挙も二年後の大統領選挙も勝てないだろうと言われたそうです（そして実際、その通りになったのですが）。

しかし彼はニクソンの裁判を終わらせることを選びます。このままこの先二年も三年も、ニクソン裁判を抱えながらでは、経済や外交の問題に専念できない、私は一人の男の問題ではなく、アメリカ人二億二五〇〇万人の問題に向き合わなければならないのだ、というのがその理由でした。

展示では、フォードがみずから進んで開催した議会の公聴会の様子がビデオで流れています。大統領自身が議会の公聴会に出るのはリンカーン以来のことでした。なぜ恩赦が必要なのか、ニクソンとの裏取引があったのではないかといった厳しい質問に、弁護士も伴わず一人で答える彼の姿が映されます。批判的なメディア報道、当時の国民の激しい反発なども紹介されます。

他方では、一〇年ほど前に収録された、比較的最近のインタビュー・ビデオも流れています。フォード政権下で閣僚だったカーラ・ヒルズは、「当時はニクソンへの非難で自分の得点稼ぎをしていた政治家ばかりだったのに、そのなかでフォードは自己の利益より国の将来を一番に考えたのだ」と語ります。カーターやパパ・ブッシュ、クリントンといった後の大統領も、アメリカが一番苦しかった時期に、職をかけて国をまとめようとした、と彼の勇気を讃えています。またエドワード・ケネディは、当時自分がフォードを激しく非難したことを認めながら、今では彼の決断は正しかったと思うと語り、二〇〇一年、ケネディ財団を代表してジョン・F・ケネディ勇気賞を彼に授与しています。

ニクソンの恩赦によって、アメリカをまとめることができたのかは難しい問題です。ただフォードが恩赦に踏み切れたのは、自分の再選に固執しなかったからだという言説は、その通りなのだろうと思います。また彼が、過去の問題に早くケリをつけて、建国二〇〇周年を新しいスタートの年にしたかった気持ちも、分かるような気はします。

自分の意思とは関係なく、最悪の手札を渡されて大統領に押し出されたフォードが、その限られた選択肢のなかで、精一杯の威厳を持って責任を果たそうとしたことだけは、少なくとも確かだと言えそうです。歴代大統領がみなフォードに一定のシンパシーを語るのは、きっとその難しさや苦しさが分かるからなのでしょう。

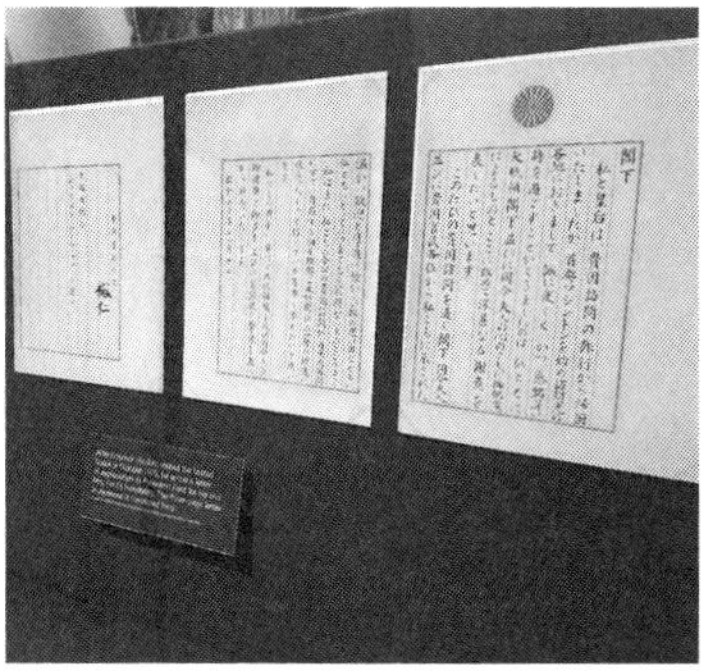

昭和天皇からフォードへの礼状
(2023年8月撮影)

フォードは一九七四年一一月、現職のアメリカ大統領として初めて訪日しています。また翌七五年には、その返礼として昭和天皇夫妻が、アメリカにフォード夫妻を訪ねてもいます。展示室では、フォードが訪日したときに参議院議長だった河野謙三が贈った花瓶と、昭和天皇が帰国後にフォードに宛てて書いた筆書きの礼状が飾られています。

またミュージアムには、フルサイズの執務室と閣議室も再現されています。閣議室の壁には、フォードが尊敬していたリンカーンとアイゼンハワーに加えて、やはりいきなり大統領になってその職をまっとうしたトルーマンの肖像画が飾られています。

最後に上映される映像は、彼が辞任するときのものです。「就任のとき、私はあなたがたに祈りをお願いしました。今日は私が、あなた方に祈りを捧げます」として、この国の次の一〇〇年が自由と博愛に満ち、私たちの後に続く世代が幸福を受けられるように、と彼は語りました。

グランド・ラピッズのフォード・ミュージアムは二〇一九年、一一万人の訪問を受けています。

9　ジミー・カーター　センターを退任後の活動拠点に

【来歴】

原子力潜水艦の開発からピーナッツ農園主へ

ジェームズ・アール・カーター・ジュニアは、一九二四年一〇月一日、ジョージア州のプレーンズで生まれました。

人口わずか六〇〇人の小さな村で、父ジェームズは農業を営み、母ベジー・リリアンは看護師でした。父はバプテスト教会の役員で日曜学校の教師でもあり、村の中心的存在でした。人種隔離政策の厳しい土地柄でしたが、母親はジミーの黒人の友達を家に招き入れ、一緒に食事をするような人でした。ジミーには三人の弟妹がいました。

彼は地元の公立学校に通いますが、幼い頃から利発でした。一九四一年にジョージア・サウスウェスタン州立大学に進学しますが、四三年にメリーランド州アナポリスの海軍兵学校に入り直します。ここで海軍工学を学び、上位一割に入る優秀な成績で卒業します。四六年、二二歳の時に妹の友人だったロザリン・スミスと結婚し、三人の息子と一人娘をもうけます。

カーターは潜水艦の乗組員として訓練を受けますが、弱冠二八歳で原子力潜水艦の開発推進プロジェクトの一員に選ばれます。この仕事を遂行するために、彼は核物理学も習得しました。しかしその翌年、父親が亡くなります。故郷の家族を養うため、七年いた海軍を止むなく退役し（結局、原子力潜水鑑に乗ることはありませんでした）、妻とともにジョージア州に帰ります。そこで彼は農場経営に取り組み、図書館で独学しながらピーナッツ栽培を拡大、成功させる一方で、父親と同じくバプテスト教会の日曜学校で教えました。

一九五〇年代のアメリカ南部は、公民権問題をめぐって人種間の緊張が高まっていました。カーターは地元の教育委員として公民権を支持し、政治活動への関与を深めていきます。ほどなく民主党から州の議員となり、六六年には州知事を目指しますが、「ディープサウス」と呼ばれたこの地域ではまだ人種隔離政策の支持者が多く、それに反対するカーターは党内の予備選にさえ勝てませんでした。

一九七〇年、二度目の挑戦でカーターはジョージア州の知事に就任します。彼は「人種差別の時代は終わった」と宣言し、ジョージア州の教育制度改革や差別撤廃に尽力します。また知事時代には、吉田工業（現ＹＫＫ）のジョージア州進出を機に、日本との交流も始まっています。

既存政治からの脱却

一九七六年の大統領選挙では、ニクソン政権で問題となった大統領の職権乱用やホワイトハウスの腐敗が大きな争点となっていました。当時は大統領選出馬を考えている民主党員が三〇人もいると噂されるような状況でしたから、州知事を一期務めただけで、ほとんど無名のカーターが立候補を表明しても、それを真剣に受け止めた人は多くありません。しかも南部からの大統領は、第一二代ザカリー・テイラー（在任１８４９―１８５０）以来、久しく途絶えていました。

それが民主党の予備選を次々と勝ち抜き、最終的に現職であるフォードとの接戦も制し、第三九代アメリカ大統領となったのは、何よりその清廉なイメージのおかげだったでしょう。ワシントンから遠いアウトサイダーであったことも、ウォーターゲート事件の苦い記憶から解放されることを願った国民にとっては魅力的に映りました。政治家としては未知数の彼に、既存の政治を変える期待が託されたのでした。

カーターは、気さくで飾らない大統領でした。就任式のあと、ホワイトハウスに向かうときには、リムジンに乗らずに歩きました（これが好評だったため、その後、多くの大統領がこの慣例に倣っています）。公の場に登場するときの敬礼儀式も止め、大統領署名にさえ、ニックネームの〝ジミー〟を使いました。

しかしそれまでホワイトハウスを訪れたことさえなかった彼にとって、キャピトル・ヒル（連邦議事堂）の流儀は不可解なことだらけでした。「反ワシントン」を掲げて当選したためもあって、議会との関係は最初からぎくしゃくしていました。

下院議長を務めたトーマス・オニールはカーターについてこう語っています。「彼は今日の社会課題について驚くべき知識量を持ち、政策はよく練られ、これまで出会ったどの政治家より頭がいい。しかしワシントンのポリティクスについては、仕組みをまったく理解せず、またそれを学ぼうともしなかった」

上下両院ともに民主党が多数派を握り、議会運営はやりやすい環境にあったにもかかわらず、彼の提案はなかなか通りませんでした。彼の演説を、「まるで教壇に立つ説教師のようだ」と揶揄する声もありました。

外交的成果

カーターは外交面でも人権を重視し、倫理的な理由から、アルゼンチン、チリなどの軍事独裁国家に対する援助を打ち切ります。

またパナマ運河の返還も決めます。パナマ運河は一九〇三年にセオドア・ルーズベルトがアメリカ海軍の拠点として以来、長くアメリカの支配下にありましたが、カーターはこの運河を、九九年末までにパナマに返還する条約をまとめます。アメリカ国内では国益の損失だとして非難ごうごうだったのですが、周辺諸国からは好意的に受け止められ、長期的に見て、中南米のアメリカに対する信頼感を高める効果を持ったと評価されています。

そして最も重要な功績が、一九七八年九月のキャンプデービッド合意でしょう。前年にエジプトのサダト大統領がエルサレムに電撃訪問し、にわかに盛り上がった和平の機運をとらえて、カーターはサダトとイスラエルのベギン首相をともにキャンプデービッドの大統領避暑地に招待したのです。一三日間、両首脳を缶詰めにして交渉を続け、最終的にベギンはシナイ半島をエジプトに返還することに同意します。三一年間続いた両国の戦争状態に終止符を打つ歴史的瞬間でした。誠意を持って交渉にあたれば、平和を呼び寄せることができるとしたカーターの平和外交の面目躍如と言えます（これによりベギンとサダトは一九七八年にノーベル平和賞を受賞しました。しかしサダトは八一年に暗殺され、中東和平はまた遠のきます）。

一方で、カーターの生真面目さが裏目に出ることもありました。その典型が、「自信の危機」と呼ばれた演説です。

一九七九年のイラン革命に端を発する第二次オイル・ショックによって、アメリカの石油価格は三倍に急騰し、インフレ率も一三％に跳ね上がります。ガソリン代を何とかしろと叫ぶ国民の怒声を受けて、カーターは七月初め、キャンプデービッドに幹部を集めて一〇日間にわたる討議を重ねた末、テレビ放送で国民にこう語ったのです。

「ここ何日か熟考して分かったのは、わが国が直面している最も根本的な脅威は、エネルギーやインフレの危機というより、国民の自信が揺らいでいるということです」

これは逆効果でした。国民の苛立ちに油を注ぎ、彼の支持率は二〇％台半ばまで落ち込みます。

カーターは何もしていなかったわけではありません。エネルギー政策は、彼が政権について最も早く手をつけたもののひとつでした。七八年一一月にようやく議会を通過した「全国エネルギー法」は、それまでの個別的な燃料調達対策に終止符を打ち、消費抑制や代替燃料源、環境保護なども視野に入れた包括的で先進的な内容でした。この後、エネルギー省も立ち上がり、体系的な新エネルギー政策も始動します。

しかしそれらは、国民が求める即時的解決をもたらすものではありませんでした。

人質事件の失敗から退任へ

悪いことは続きます。七九年一一月、イランの首都テヘランでアメリカ大使館が襲撃され、職員など五二人が人質にされたのです。首謀者はイランの新支配者ホメイニ師を支持する学生たちで、人質はそれから一年以上にわたって拘束されることになります。

翌月には、ソ連が追い打ちをかけるようにアフガニスタンに侵攻し、親ソ政権を樹立して世界を驚かせました。カーターはソ連との戦略兵器制限交渉（ＳＡＬＴ）を延期し、翌年開催のモスクワオリンピックのボイコットを宣言。六三か国がこれに同調しましたが、カーターの弱腰が今回の事態を招いたとする批判は止みませんでした。

一九八〇年四月、カーターはイランの人質救出作戦を敢行します。ところがテヘランに向かうヘリコプターが砂嵐で墜落し、作戦は無残な失敗に終わってしまいます。バンス国務長官は辞任。カーター政権の権威は失墜します。

その年、カーターは二期目を目指していました。しかし現職大統領でありながら、民主党の予備選の段階で、マサチューセッツ州のエドワード・ケネディ上院議員から挑戦を受けるなど、すでに波乱含みでした。共和党は元俳優でカリフォルニア州知事も務めたロナルド・レーガンを大統領候補に指名し、党の右派路線を鮮明にしていました。

一〇月二八日、両候補は一回限りの大統領選討論会を行ないます。カーターはレーガンがいかに危険な人物かを語りましたが、逆にレーガンはカーターの消極姿勢を批判し、国民に対して「四年前より暮らしは良くなったか」と繰り返し問いかけ、減税を約束しました。カーターは惨敗を喫します。

イランで人質が解放されたのは、一九八一年一月二〇日、カーターが大統領職を去った日でした。

それからカーターはジョージア州に戻り、アトランタに開設したカーター・センターを拠点にして活動を続けます。北朝鮮、ハイチ、ボスニアなど世界四〇か国以上に赴き、問題や紛争の当事者に面会して緊張緩和に貢献しました。そうした活動が評価され、二〇〇二年にはノーベル平和賞も受賞しています。

二〇二三年一一月、妻ロザリンは九六歳で亡くなり、九九歳となったカーターに見守られて、故郷プレーンズの地に埋葬されました。

【大統領文書と図書館建設】

「大統領記録法」成立

一九七七年六月、カーターが大統領に就任して半年後に、ニクソン裁判の最高裁判決が下されます。判決はニクソンのテープを政府のものだと認定するだけでなく、大統領特権、政府高官のプライバシー、ホワイトハウス内の表現の自由、公文書へのアクセス管理、記録の所有権などの問題に踏み込んだもので、これが翌年の「大統領記録法」につながります。

「大統領記録法」では、「憲法上、法令上、またはその他の公的・儀礼的な職務の遂行に関連したり影響を及ぼしたりする記録」のすべてを「大統領記録」と規定し、その所有権は国にあることが明記されます。正副大統領は退任と同時に、記録のすべてを政府に明け渡し、その後は国立公文書記録サービス部（ＮＡＲＳ）がこれを管理することになります。この法律の施行は一九八一年で、適用されるのは次期大統領からでしたが、カーターは自分の記録もすべて、この法律に準じて納めることを約束しました。

またカーターは在任当初から、ＮＡＲＳに選ばれた大統領記録管理担当官をホワイトハウス内に置き、記録の管理を進めました。これまでもＮＡＲＳは歴代大統領に対し、記録の整理方法についてアドバイスを行なってきましたが、それを聞き入れるかどうかはあくまで大統領次第で、本格的な整理作業は退任後に始められるのが常でした。カーターは在任中からＮＡＲＳの担当官に文書の整理を許した初めての大統領でした。

紛争解決のためのセンター

自分の大統領図書館については、カーターは故郷のジョージア州のどこかに作りたいと考え、一九七九年頃から土地探しを始めています。アトランタ、アセンズ、メイコンといったジョージア州内の主要都市に加え、エモリー大学、ジョージア工科大学などの名が候補にあがります。出身地プレーンズももちろん、そこに大統領図書館を建てることを願い出ていました。

アトランタ郊外にある一五万平米の土地が俎上にのぼったとき、カーターとロザリン夫人はここが最高の場所だと確信したと言います。そこは南北戦争時代の古戦場で、七〇年代初頭にはここに高速道路を通す案があったのですが、地元住民の反対運動などが起こったために、当時知事だったカーター自身が、建設中止を決めていた場所でした。

八一年一月にホワイトハウスを去るときには、四年分の大統領記録のすべてが一九台のトレーラーに積まれ、ワシントンＤＣから延々一〇〇〇キロ以上の道を走ってアトランタに運ばれました。記録は図書館が建設されるまで、ＮＡＲＳが別途手配していた施設に保管されました。

カーターは、大統領職を終えた時点でまだ五六歳で、その後も平和や人権に関する活動を続けたいと考えており、大統領図書館にキャンプデービッドのような場所を併設する構想を持っていました。かつてエジプトとイスラエルの和平合意を実現したように、ここに戦争や紛争を抱える各国のリーダーたちを呼び、話し合う場にしようとしたのです。カーター政権の四年間は、戦後唯一、「一発のミサイルも、一回の爆撃も、一個の弾薬も使わなかった」時期でした。彼はこのことを誇りとし、その後も、「アメリカの武力介入は、ほとんどの場合不必要に行なわれている」という主張を続けました。

翌八二年、「カーター・センター」が設立されます。創設メンバーには、州知事時代から個人的な親交を深めてきたYKKの創業者吉田忠雄も加わり、日本からは一二五〇万ドルの寄付が贈られています。その他にジョージア州から一二〇〇万ドル、アトランタに本社を置くコカ・コーラ社から五〇〇万ドルなど、国内外から合計二六〇〇万ドルが集まります。

六五〇〇平米の広さを持つ敷地内に、図書館がオープンしたのは一九八六年一〇月のことです。中根金作による日本庭園も、YKKによって贈られました。

式典には五〇〇〇人が集まり、当時の現職大統領レーガンもナンシー夫人を伴って出席しました。挨拶に立ったレーガンは、「これほどの違いを持つ二人の政治リーダーが、互いを尊敬して同じ場に立ち、国への愛を共有し、我々の時代について議論し、民主主義のプロセスを享受する国は他にない」と語ります。そしてカーターに対し、最後のアドバイスだとして「人生は七〇歳からだよ」と告げます。それを受けてカーターは、「優雅で見事なスピーチを聞いていると、一九八〇年になぜ貴兄が選挙に勝ち、私が負けたのかが分かります」と返し、笑いを誘いました。

変わる大統領財団

カーター・センターは、いわゆる大統領財団の性格を大きく変えるきっかけにもなりました。それまで、大統領やその家族によって設立される財団は、プレジデンシャル・ファウンデーションとかライブラリー・インスティチュートとか名称は様々ですが、図書館建設の資金調達活動を主たる目的として、それが完成するといったん活動を休止し、また増改築などのために資金が必要になると活動を再開するという、あくまで図書館建設のための団体でした。

しかしカーター・センターは図書館建設後にむしろ活動を活発化させ、エモリー大学と提携して積極的な平和事業を展開していきます。「元大統領」としての影響力を最大限に利用して継続的な資金調達を行ない、それを世界の紛争解決、発展途上国の公衆衛生、人権といった、カーターが重視するアジェンダに回していく恒常的な団体として活動していくのです。

このモデルは、大統領図書館が生み出した副産物のなかでも特に大きな社会的インパクトをもたらしたものと評価され、次にクリントン財団にも引き継がれることになります。

【ミュージアム訪問】

桜と鐘楼に迎えられた訪問

アトランタは人口五〇万人。日本では映画「風と共に去りぬ」の舞台となったことや九六年の夏季オリンピックの開催地として記憶している人も多いかと思いますが、コカ・コーラやデルタ航空が本社を置くなど、商業都市としても発展しています。ニュース専門チャンネルCNNの本社もあり、その一階が巨大なフードコートになっていると聞いたので、まずはそこで腹ごしらえをして、それから図書館に向かうことにしました。

カーター・センターにはバスに乗っていくこともできますが、今回はCNN本社前からウーバー・タクシーを呼びました。高速を一〇分も走れば、左手前方にこんもりとしたブナの森が見えてきます。

訪問したのは三月だったのですが、新緑の間からは桜が咲いているのも確認できます。昔から日本との関係が深かったアトランタには、街のあちこちにソメイヨシノの木があって、こんなところで桜の開花と出会えるなんて、幸せなサプライズになりました。

坂を上り、丘の上にくると、センターの入口に鐘楼堂が見えてきます。ジョージア州アメリカス市と友好都市を結ぶ広島県三次市、ジョージア州の日米協会、日本人商工会などが贈呈したということで、日本との交流がいまも続いているのが窺《うかが》えます。

人工池の脇を通り、ミュージアムの正面玄関を入ると、がらんとしたロビーの反対側はガラス張りで、その向こうに広々とした庭が広がっているのが見えます。庭の桜を見に行きたくなる気持ちをぐっと抑えて、まずは左手にある入口から、ミュージアム・シアターに入ります。

最初に見る一五分のオリエンテーション・ビデオは、カーターの一生を簡単にまとめたものです。元国連大使アンドリュー・ヤング、カーター政権下で報道官を務めたジョディ・パウエル、副大統領だったウォルター・モンデール、そして近年のカーター自身のコメントをつなぎながら、彼の生い立ちや人権への強い思い、政権時代の業績、ホワイトハウスを去ってからの活動などが語られます。カーターのミュージアムは二〇〇九年にリニューアルされているのですが、このインタビューはその時に撮影し直されたものです。老齢になってからの彼の姿をいま一度、記録に残しておこうという、アーキビストの意図を感じます。

カーター大統領ミュージアム入口(2023年3月撮影)

展示は、カーターの人生を時系列で追っていきます。

まずは幼少期です。上半身裸で裸足のままワニの子供を捕まえている四歳のときの写真、小学生のカーターが描いたという驚くほど精密な農場の地図(所々に書き入れられている小さな文字の綺麗で几帳面なこと!)などが、町の歴史や家族の説明と一緒に展示されています。

キャンペーン・グッズはピーナッツだらけ

海軍時代の展示室に移ると、潜水艦の内部を模した巨大な模型のなかで、カーターを原子力潜水艦の開発プロジェクトに引き入れたハイマン・リッコーバー提督のことが紹介されています。「原子力海軍の父」と呼ばれたリッコーバーは、その強い信念と厳格な仕事ぶりで若いカーターに大きな影響を与え、カーターは彼を生涯の師と仰いでいました。

しかし彼は結局、海軍を去り、妻ロザリンと子供たちを連れてジョージア州に戻ります。そこで農業に従事し、教会の日曜学校で教え始め、当時の人種差別や政治の腐敗に義憤を感じて知事を目指し、当選します。「政府の仕事は力を持った一部の特権階級の人気をとることではなく、政治の力に頼らなければならない多くの人々が公正に扱われるようにすることにある」。知事就任演説からの一節が、大きく壁に掲げられています。

次は大統領選挙キャンペーンの展示です。四人しか会場に来なかったという最初の集会、ニューハンプシャー、フロリダと徐々に広がっていく支持、ピーナッツのバッジ、ピーナッツ柄のネクタイ、ピーナッツでできたネックレスといったキャンペーン・グッズ類が飾られています。どのピーナッツにも、トレードマークだった白い歯を見せてにっこり笑う口が描かれています。政治に汚れた北部のエリートではなく、信仰に篤い南部の農夫。それでいて明確なビジョンを持ち、強固な意志で信念を貫くイメージ。そして「私は決して皆さんに嘘をつきません」という真っ直ぐな言葉が、人々の心を捉えていきます。

そして就任演説です。宣誓式で牧師が読む原稿にも、「私、ジミー・カーターは……」とニックネームで呼ぶよう、赤字で指示されているのを見ることができます。

オーバルオフィスは実物大に再現されています。ボタンを押すと、カーターの声が流れてきて、部屋の説明が始まります。部屋の一角にプレートが飾られています。「おお、神よ、あなたの海はこんなにも大きく、私の舟はこんなにも小さい」。フランス・ブルターニュ地方の漁師たちが、漁に向かう際に捧げる祈りの一節は、リッコーバー提督が、大統領に就任したかつての教え子カーターに贈った言葉です。

ここで見学者のなかに、黒人の姿が散見されるのに気づきました。大統領図書館の見学者は圧倒的に白人が多いのですが、ここでは黒人の年配男性も若い女性も混じっていて土地柄を思わせます。大統領図書館が、それぞれの土地にあることの意味も感じます。

副大統領とファーストレディの活動紹介

展示は、ひとつひとつの部屋をあまりしっかり仕切ることなく、連続性を重視してデザインされています。

「ベトナム戦争の癒し」「ウォーターゲート事件からの復興」「公正の実現」「人権の保護」など、

カーター政権が重視した政治課題ひとつひとつが、それを象徴する写真とともに解説されていきます。

パナマ運河の返還については、当時七八％のアメリカ人がこれに反対したこと、条約を批准するのに上院で七か月、その後下院でさらに一七か月もかかったこと、議会で賛成に回った上院議員二〇人が、次の選挙で落選したことなどが説明されています。

副大統領だったウォルター・モンデールについてのコーナーもあります。大統領図書館で副大統領についてこれだけしっかり紹介しているのは、珍しいケースです。上院議員として一二年の実績を積んできたモンデールは、ワシントンの政治に疎いカーターを支え、法案の可決にあたっては議会との調整に走りました。一九八四年にはジェラルディン・フェラーロを米国史上初の女性副大統領候補に指名して、レーガンの二期目に挑戦し、敗れています。その後、クリントン政権下では駐日大使にもなっています。

妻ロザリンを紹介した展示室も、他の大統領図書館とは少し趣が違っています。ドレスやアクセサリー類の展示がまったくなく、「独立したパートナー」として政治的な業績だけを紹介しているのです。彼女はファーストレディとして初めて、大統領の公式名代として海外を訪問しましたが、訪問国は五大陸三一か国に及びました。また彼女はメンタル・ヘルスの重要性を唱え、高齢者福祉の問題に取り組みました。カーター大統領がメンタルヘルスシステム法を議会通過させ、国立メンタルヘルス機構（ＮＩＭＨ）を創設したのには、彼女の貢献が大きかったことが紹介されています。

ジョンソン夫人（レディ・バード）と一緒になって、高速道路脇の巨大看板を撤去するプロジェクトに動いたこと、その後フォード夫人（ベティ）も加わって、三人で女性の権利向上のために活動したことなども紹介されます。一九七七年に開催された第一回全米女性会議に三人揃って参加したときの写真が飾られています。

ユニークな展示の数々

そのほかにも、カーター図書館には他では見られないユニークな試みがいくつかありました。

ひとつは大統領の一日を追体験させようとするものです。円形のシアターに入って椅子に座ると、眼前の巨大スクリーンに大統領のある日のスケジュールが出てきます。朝六時から始まって、ほぼ三〇分おきに会議だの協議だのが並びます。するとそれをなぞるように、「大統領、昨日のアルゼンチン情勢ですが……」「大統領、環境問題について相談があります」「大統領、石油価格問題の会議が始まります」など、閣僚や議員や官僚の音声が次から次へと右や左から聞こえてきます。あんまり続くと途中から頭が混乱してきて、めまいを起こしそうになります。大統領の殺人的なスケジュールを実感させようという試みです。

もうひとつ、アーキビストの仕事を体験させるコーナーもありました。インタラクティブな画面に触れると、三人の質問者がやってきて、それぞれ「イランでの人質救出作戦について知りた

奥がアーカイブ紹介コーナー（2023年3月撮影）

い」「カーターがエネルギー政策を語ったビデオが見たい」「最初のアジアへの訪問がいつだったか知りたい」といった依頼をしてきます。そこで端末を操作し、資料、映像、写真といったコレクションのなかから、それらについての答えを見つけ出すというゲームです。

情報を探す図書館のレファレンス業務と似ていて、ライブラリアンの私としては、「面白そう！」と思わず前のめりになったのですが、ゲームを単純化しすぎていて、少し物足りない。

アーカイブというものを知ってほしい、というスタッフの願いは伝わりますし、チャレンジには大きな拍手を送りたいですが、バーチャル画面のファイルにタッチして、そこに答えを見つけても、パズルが解けた快感はいまひとつです。いっそのこと、実際のアーカイブ資料群に分け入らせてくれたらいいのに！と思いましたが、それはさすがに無理な注文でしょうか。

元大統領として活躍

展示では、カーターの政策が当時は不人気だったことも伝えています。

石油価格高騰で支持率が下がったこと、その後のイラン・アメリカ大使館人質事件では、多くのアメリカ人が「解決に向かっていない」と感じて不満を持っていたことなどが、「正直」を信条にしたカーターらしく、律儀に報告されています。人質解放には四四四日間もかかり、アメリカの権威の失墜ともいわれましたが、カーターは、「戦争を起こすことなく、人質全員を無事に解放したことを誇りに思う」と語っています。

そして一九八〇年の大統領選挙では、より豊かな生活を約束したレーガンに敗れたことが述べられます。

ミュージアム外観と桜(2023年3月撮影)

最後にミュージアムはかなりのスペースを割いて、大統領退任後のカーターの活動を紹介するギャラリーに入ります。

パパ・ブッシュの政権時代には大統領の依頼を受け、パナマやニカラグアで行なわれた選挙の監視に向かい、その後も一〇〇回以上にわたって、各地の選挙が民主的に実施されるための監視活動を続けました。

クリントン政権下では、ハイチ、ボスニア、スーダンといった紛争国に出向き、内戦の終結に尽力しました。北朝鮮やキューバにも訪問しています。

二〇〇二年に受賞したノーベル平和賞のメダルも飾られています。「私は大統領としてより、元大統領になってからのほうがいい仕事をした」とカーターは語っています。壁には、カーターが退任後に書いた二〇冊以上の本や、二〇一〇年に出版された日記が展示されています。

「キリストが今日の午後に来るかのように、私たちは生きなければならない」というモットーを掲げながら生きたカーターは、歴代大統領の最高齢記録をいまも更新しています。

カーター図書館のミュージアムには、二〇一九年、七万五〇〇〇人が訪れました。

10　ロナルド・レーガン　圧倒的な磁力を持つ大統領専用機の展示

【来歴】

天性の話術で人気者に

ロナルド・ウィルソン・レーガンは、一九一一年二月六日、イリノイ州の小さな田舎町タンピコで生まれました。

父ジョンはアイルランド系カトリックで、母ネルはスコットランド系のプロテスタントという珍しい組み合わせで、どういう経緯があったのか、兄ニールは父と同じカトリック信者となり、ロナルドは母と同じプロテスタントの洗礼を受けています。

家は貧しかったうえに、父親は大酒呑みでしょっちゅうトラブルを起こしては職を失い、一家は引越しを繰り返していました。そんななかでも、ロナルドは地元のディクソン高校からユーリカ・カレッジに進学し、そこで演劇にのめり込みました。

卒業後、二一歳でアイオワ州のラジオ局に就職します。スポーツ・アナウンサーとして、地元の球団シカゴ・カブスや大学アメフト・リーグの中継を行ない、天性の話術で注目を集めます。紙テープに印字されてくるごく短い試合経過を頼りに想像力を駆使して実況放送を行ない、回線が故障しても架空の試合を即興で話し続けたエピソードが残っています。

その後彼はカリフォルニアに渡り、俳優になる道を目指します。

一九三七年、二六歳のとき、晴れてワーナー・ブラザーズと契約を結びます。身長一八五センチ、体重八〇キロの体軀は見栄えがし、大らかな笑顔は魅力的でした。美術学生の投票によって「ギリシャ彫刻のような美青年」賞に選ばれ、彼らのデッサンのためにセミヌード・モデルになったこともあります。

ハリウッドの全盛期で、彼は五〇本以上の作品に出ていますが、最も話題になったのが、四〇年の映画「クヌート・ロックニー、オール・アメリカン」です。不治の病に侵されたジョージ・ギップ（通称ギッパー）役を演じ、アメフトのコーチに向かって「ギッパーのために勝ってくれ」というシーンで人気を博しました。

この頃、レーガンは最初の妻である女優のジェーン・ワイマンと結婚しています。後にアカデミー主演女優賞を獲得したワイマンとは、結局九年後に離婚することになりますが、二人の養子に迎えられたマイケル・レーガンはその後、共和党のラジオ・トークショーの司会者として活躍しました。

ハリウッドから政治家へ

第二次世界大戦が始まると、レーガンは陸軍航空部隊の映画班に勤務します。そこでも語りのうまさを買われて、彼は研修用フィルムや戦争ドキュメンタリーのナレーションを担当します。戦後は全米俳優組合の委員長になります。しかし彼は「共産党シンパ」といわれた俳優たちのことを嫌い、当時活発化していた政府の赤狩りに協力して、彼らを告発する立場をとりました。

一九五二年、彼は女優のナンシー・デービスと再婚します。二人の間には、パティとロンという二人の子供が生まれました。

一九五四年、四三歳の彼に大きな転機となる仕事がきます。テレビ番組「ゼネラル・エレクトリック（GE）シアター」の司会です。番組はその後八年の長きにわたって続き、ホスト役を務めた彼はここで当意即妙の軽快な応対に磨きをかけることになります。同時にGEのスポークスマンにもなり、同社の多くの工場を訪問し、そこで働く人々と対話したり、関係者にインタビューしたりしました。

彼はもともとフランクリン・ルーズベルトに心酔し、民主党員だったのですが、この頃から民間の力を解き放てば国家は繁栄するという考えを持つようになり、共和党の政治思想へ傾倒を強めていきました。一九六二年、五一歳になったレーガンは、所属政党を共和党に変更します。

一九六四年の大統領選挙で、レーガンは共和党の候補者バリー・ゴールドウォーターの応援演説に立ちます。結果的にゴールドウォーターはジョンソンに敗れるのですが、レーガンの演説のうまさが話題になり、政界入りを勧められるようになります。

二年後、レーガンはカリフォルニア州知事選に立候補します。彼は税金を減らして民間主導を支援すると主張し、三期目を目指していた民主党の現職に一〇〇万票以上の差をつけて勝利しました。こうしてレーガンは五五歳で、政治家に転じることになりました。州知事時代には、保守層の強力なリーダーとして認知度をあげる一方、その強硬な姿勢が、時々物議も醸しました。

史上最高齢の大統領へ

一九六八年、レーガンは大統領候補に名乗りを上げます。しかし共和党の予備選でリチャード・ニクソンに敗れます。

八年後、再び大統領予備選に出馬しますが、今度はジェラルド・フォードに敗れます（フォードはしかし、本選で民主党のジミー・カーターに敗れました）。

そのまた四年後の一九八〇年、レーガンは三度目の挑戦をし、今度こそは共和党の指名を勝ち取ります。

彼は、予備選で争ったジョージ・H・W・ブッシュを副大統領候補に選びました。アメリカ経済は悪化しており、イランで人質となったアメリカ人の救出もままならない状況でした。カーターと対峙したテレビ討論でレーガンは語ります。「不景気では知り合いが職を失う。不況では自身が職を失う。そして回復ではカーターが職を失う」――彼の話術はカーターを圧倒します。

四年前にはカーターの廉潔を支持したアメリカ国民も、今はその一徹さを窮屈に感じ、まして外交や経済政策で失敗が続いた後は、レーガンの力強い言葉に惹かれるようになっていました。「我々はわが国の限界を自覚すべきだ」と諭すカーターより、「アメリカの可能性は無限だ」と自信を持たせてくれるレーガンのほうに、人々がついて行きたくなるのは分からないでもありません。結果はレーガンの地滑り的勝利でした。

このときレーガンはすでに六九歳で、第四〇代大統領に就任してひと月後には七〇歳となり、史上最高齢での大統領就任でした（この記録はのちにドナルド・トランプ、そしてジョー・バイデンによって破られます）。またテレビ司会で名をはせた経歴も離婚経験も、大統領としては初めてのことでした（こちらの記録は次にトランプに引き継がれます）。

彼はしかし、活力に満ちた態度と愉快な話術でアメリカ人を魅了しました。日本では保守強硬派のイメージが強いですが、アメリカでは「グレート・コミュニケーター（偉大な語り手）」として称賛を浴びます。ニューヨークタイムズ紙のある記者は「遠くからレーガンを見て、狂信的な右翼と思っている人でも、実際に会って彼のチャーミングな表情を見ると、気持ちが和らいでしまう」と語っています。

就任直後、レーガンは暗殺されそうになります。首都ワシントンのホテルを出たところで銃弾に倒れ、緊急手術室に向かう途中で医師たちに、「君たち全員共和党員だろうね」と言った話は有名です。生死を彷徨いながらもジョークを飛ばせる余裕はさすがとしか言いようがありません。

戦争屋から冷戦終結へ

レーガンは「小さな政府」を標榜し、税金の軽減や規制緩和を進める一方で、防衛力増強を唱えます。敵からの核攻撃をミサイルで迎撃する「戦略防衛構想（ＳＤＩ）」をぶち上げ、「スター・ウォーズ計画」と呼ばれましたが、この強硬な対ソ戦略は外国の指導者たちを震撼させ、レーガンは「武器を玩具にしている」「戦争屋」などと警戒されました。

一九八五年、カーター政権で副大統領だったモンデールに大差をつけて再選を果たしますが、その直後、アメリカ政府が密かにイランに武器輸出をしていたことが明るみに出ます。イランは七九年の大使館人質事件が起きて以来、アメリカが国交を断絶していた国でした。しかもその裏取引で得た資金が、ニカラグアの反共ゲリラ組織「コントラ」に流れていたことも判明し、アメリカでは国を揺るがす大スキャンダルとなりました。

この秘密工作はイラン・コントラ事件として知られ、政府関係者一四人が起訴され、取引を主導したとされる国家安全保障会議（ＮＳＣ）のメンバー三人が有罪判決を受けます。レーガン大統領およびブッシュ副大統領はイランへの武器輸出を承認したことについては認めたものの、コントラへの流用は知らなかったと弁明し、その主張が認められます。しかし多くの記録はＮＳＣ

によってすでに破棄され、真相は闇のなかとなっています。

この後、レーガンは残り二年をかけてソ連との核軍縮に踏み切ります。

SDIは技術的にも財政的にも実現困難であることが分かってきましたし、一方のソ連では経済の立て直しが急務でした。一九八七年一二月、レーガンはゴルバチョフをワシントンに迎え、中距離核戦力（INF）全廃条約の調印に漕ぎつけます。英国のマーガレット・サッチャー首相はこれを、「一発の銃弾も発射せずに、冷戦を勝利に導いた」として讃えました。

レーガンの支持率は急上昇し、翌年の退任時には七〇%を記録します。

アメリカ国民はレーガンを、世界のスーパーパワーとしてのアメリカを代表するにふさわしい大統領として評価し、共和党支持者の多くは今でも、レーガンを理想の指導者としてイメージしていると言われます。

一九八九年、大統領を辞めたレーガンは、妻ナンシーとともにカリフォルニアに戻ります。その五年後にアルツハイマー病であることを公表し、二〇〇四年六月五日、九三歳で死去しました。

妻のナンシーは二〇一六年三月六日に亡くなり、二人はともに、シミバレーのレーガン図書館の庭に埋葬されています。

【大統領文書と図書館建設】

西部劇のロケ地を図書館に

レーガンは大統領に就任して間もなく、図書館の建設に向けて動き出しています。州知事時代の文書はスタンフォード大学のフーバー研究所に寄贈していましたので、当初はそこに大統領図書館と、今後の活動拠点となる広報センターを置くことを構想していました。

スタンフォードとの話し合いは三年にわたって続けられましたが、最終的に大学の理事会は大統領の要望を断る結論を出します。元大統領の活動拠点を構内に置くことは、大学の独立性を損なう可能性がある、というのが公にされた理由でした。レーガンが同大の卒業生ではなかったこと、彼の右派色の強さなども、問題にされたと言われます。

八五年、資金調達のための「ロナルド・レーガン大統領財団協会」が設立され、レーガンは土地探しを始めます。財団は三〇を超える場所を検討しました。

カリフォルニアの開発会社がロサンゼルス郊外シミバレーにある四〇万平米の土地を寄贈すると申し出ると、大統領夫妻は早速現地に赴き、一目見て気に入ったと言います。そこは一九三〇年代にハリウッド西部劇のロケがよく行なわれていた場所で、丘の上からは山々と、遠くに太平洋も望むことができました。レーガンのウエスタン・イメージにぴったりで、夫妻が居を構えようとしていたサンタ・モニカからも車で一時間ほどの場所でした。

大統領図書館法改正

一方、議会は一九八五年に国立公文書記録サービス部（NARS）を一般調達局（GSA）から独立させ、国立公文書記録管理局（NARA）とします。また八六年には大統領図書館法の改正を行ないます。

大統領図書館は年々巨大化する方向にあり、それに伴って建築費も膨張していました。初期の四館（ルーズベルト、トルーマン、アイゼンハワー、フーバー）の建築費はいずれも三〇〇万ドル以下だったのに対し、七〇年代にジョンソンが「とにかくどでかい」図書館を建てて以降は（物価上昇の影響は多少あるにしても）一〇〇〇万ドル以上が続き、八六年にオープンしたカーター・センターには二六〇〇万ドルが投じられ、レーガン図書館ではこれをさらに上回る四五〇〇万ドルが予定されていました（表2）。

建物が巨大化すれば維持費も当然上がります。一九八五年には、それまでの七館の合計運営費が、その年のホワイトハウスの管理費より高くなっていると指摘されました。

「小さな政府」を標榜し、連邦予算の削減を進めているレーガン自身が、自分の「神殿」を建てることに夢中になり、その後の費用を連邦政府に負担させるのはいかがなものか、という批判が主に民主党議員から上がったのです。

そこで改正法では、大統領図書館の面積を七万平方フィート（約六五〇〇平米）以下に抑える

開館年	大統領名	初期建設コスト（$K）	FY1987管理運営費（$K）	建物面積（平方フィート）
1941	フランクリン･D･ルーズベルト	369	1,143	51,000
1957	ハリー･S･トルーマン	1,670	1,803	96,000
1964	ドワイト･アイゼンハワー	2,956	1,608	88,000
1964	ハーバート･フーバー	1,000	821	30,000
1971	リンドン･B･ジョンソン	10,000	2,056	117,000
1979	ジョン･F･ケネディ	18,000	2,400	95,000
1981	ジェラルド･R･フォード	11,400	1,718	78,000
1986	ジミー･カーター	26,000	1,550	70,000
			合計 13,099	

表2　開館年順　大統領図書館の建設費、運営費および建物面積
出典：Schick, et al. Record of the Presidency (Oryx Press 1989) p251より著者作成

と同時に、大統領財団に対して総建築にかけた費用の二割を、その後の管理運営分として連邦に納めるよう義務づけました。

万一、七万平方フィートを超えた場合は、追加納付金も幾何級数的に増える仕組みで、これは実質的な上限を意味するものでした。しかしそれまでに建った八館のうち五館はすでにこの規模を超えていましたから、この圧縮はかなり厳しいものでした。しかもレーガンはアイゼンハワー以来、三〇年ぶりに二期八年を務めた大統領であり、一九七八年の大統領記録法によって、記録のすべてが政府に提出されることにもなっていましたから、保管スペースはむしろ倍増されてしかるべきタイミングだったのですが、議会での議論は必要スペースよりコスト問題に終始しました。レーガンは、法の適用を自分よりあとの大統領からとすることを条件に、この法案に署名します。

この法改正は、その後の大統領財団とＮＡＲＡの関係を変化させる契機となりました。

それまでは、大統領財団の役割は図書館建設までで、その後の運営は政府に任せていたわけですが、経費の一部負担をきっかけに、大統領財団が運営にも関与するようになるのです。またミュージアムを拡張する際には、ＮＡＲＡの管理する「七万平方フィート」の枠の外で建設し、ここを財団によって自由に運営できるエリアにしていきます。

つまり改正法は、大統領図書館の巨大化に歯止めをかけるという当初の目的とは違い、ＮＡＲＡの管轄領域を限定し、その外側に財団の力を膨らませていく逆の結果を招いたのでした。

またレーガンは、一九八九年一月一八日、退任する二日前に大統領令を発令して、大統領記録の開示に制限を加えています。

一九七八年に制定された大統領記録法では、一二年を過ぎれば基本的にすべての文書を開示する決まりになっていました。しかしレーガンは、文書開示前に元大統領と現大統領の二人に事前連絡をするように定め、元職・現職のいずれかの大統領が三〇日以内に異議を申し立てた場合は、開示を止められるようにしたのです。

ウォーターゲート事件以来、大胆な情報公開政策を進めてきたアメリカでしたが、ここでまた大きな揺り戻しが、しかもひっそりと行なわれたのでした。

退役したエアフォースワンの実機を受入れ

シミバレーでは、八八年に巨額を投じた建設が始まり、三年後に開館を迎えます。四〇〇〇人が集まった落成式には、当時現職のジョージ・H・W・ブッシュ大統領に加え、リチャード・ニクソン、ジェラルド・フォード、そして民主党からジミー・カーターも出席しました。歴代五人の大統領が並んだ姿は圧巻です。

レーガン財団はその後、何度かミュージアムの増改築をしていますが、特に二〇〇三年のパビリオン建設は大きなものでした。三五〇〇万ドルをかけ、大統領専用機「エアフォースワン」を迎え入れたのです（そしてここはNARAの「管轄外」に置かれます）。

SAM27000の機体番号を持つ同機は、一九七二年以来、歴代七人の大統領を乗せてきましたが、二〇〇一年に退役が決まると、レーガン財団は米国空軍より機体の貸与を受ける契約に漕ぎつけます。財団の会長マーク・バーソンは語ります。「レーガン大統領はいつも人々にエアフォースワンを見せたがっていた。これはアメリカのパワーの象徴であり、アメリカ人たちに誇りを持たせる力を持っていることを、彼はよく知っていた」

エアフォースワンを置いてから、来場者は年間四〇万人を記録するようになり、その集客力は大統領図書館ミュージアムのトップに躍り出ます。また共和党の大統領予備選では、同機を背にしての討論会が欠かせないイベントとなり、毎回、テレビでライブ中継されるようになります。

一方で、事件も起きます。二〇〇七年、アーキビストの一人が窃盗を働いていたことが分かり解雇されます。そこでNARAが緊急監査をしてみると、大量の物品がなくなっていることが発覚したのです。

一九九一年の開館時には、レーガン図書館には推定一〇万点の物品が移送されていたはずでした。ところが二〇〇七年時点の登録物品は二万点しかなく、八万点近くがなくなっていることが分かったのでした。外国から贈られた象の置物、手織物の米国旗、全米の支持者たちから贈られた昔のカウボーイ・ベルト数千点……、「あったはずのもの」のリスト作りがにわかに始められましたが、いったい全部で何点がなくなったのか、正確な情報は把握しようもありません。

調査にあたった検察官は、図書館の管理体制の重大な欠陥を指摘し、またその保存方法にも問題があったことを述べました。

豊富な資金を持つ大統領財団が、巨大パビリオンを建設して人々を惹きつける一方で、連邦予算が削減され、アーカイブの管理に手が回っていない実態を事件は明らかにしました。アーカイブにミュージアムが「付設」されていたはずが、いつのまにかミュージアムが主体となり、アーカイブがないがしろにされているのではないか、どちらが「犬」でどちらが「尾」なのかが分からなくなっている、という批判の声が歴史家たちからあがりました。

二つの役割のあるべきバランスをめぐる議論は、今日もまだ続いています。

【ミュージアム訪問】

ホログラムによる出迎え

ロサンゼルスから北西に向かってパサディナ、サンタ・バーバラを抜け、シミバレーまで車で約一時間。その名もロナルド・レーガン・フリーウェイを降りてプレジデンシャル・ドライブに入り、少し坂を上ると高台に出ます。かなたに茶色の渓谷を望み、手前には乾いた大地が広がります。西部劇のヒーローが、馬に乗って駆け抜けていきそうな眺めです。

駐車場に車を停めると、すぐそこに赤屋根の平屋が見えます。ヒュー・スタビンズによってデザインされたスペイン風建物は、入口からみると、まるで個人の邸宅のようです。社会問題は政府によってではなく、家族や宗教、人々の慈善活動によって解決すべきものだとしたレーガンの価値観が、この建物に象徴されていると歴史家ベンジャミン・ハフバウワーは書いています。

メイン・エントランスでチケットを貰うと、小さなシアターに案内されます。大統領図書館の展示は映像から始まることが多いので、ここでもそれを期待して待っていると、「大統領、それでは会見をお願いします」というアナウンスで舞台に登場したのは、なんとレーガンのホログラムでした。大統領の仕事について子供たちに説明しながら、「乗り越えられない困難はない、夢見ることに限界はない」と語ります。

最初の展示はレーガンの幼少期に焦点があてられています。彼の育った中西部の環境、学校時代などが、等身大に拡大された写真とともに紹介されます。社会科見学でしょうか、ちょうど小学生たちの集団が来ていて、ガイドが話すレーガンの小さかった頃の話に群がっていました。

次の展示室では、若き日のレーガンの実際の声を聞いたり姿を見たりすることができます。ラジオでの野球やアメフトの試合の実況、ハリウッド映画でのシーンの数々、戦争映画でのレポーターぶり、ＧＥシアターでの司会など、彼がトークに磨きをかけていったプロセスが、実際の映像とともに紹介されます。レーガンは頭の回転が速く、対応が上手で、ジョークを交えて人を笑わせ、今でも情報番組の司会者にぴったりだと思わせます。コーナーのタイトルは「グレート・コミュニケーター」ですが、むしろ「グレート・エンターテナー」と呼びたいような気がしてきます。

レーガンのホログラム（2022年11月撮影）

次はカリフォルニア州知事の時代です。大きな文字と写真が、税金を減らし、経済状況を回復させたことを強調しています。そして展示は、カーターに圧倒的勝利を収めた選挙戦、就任演説へと続きます。

映画スターのテーマパーク

ここではすべての展示室が大きくてスペースたっぷりなのですが、情報はかなり絞り込まれているのを感じます。壁には巨大な写真が

エアフォースワン（2022年12月撮影）

貼られたり、大きなスクリーンで映像が流されたりしているのですが、あまり細かな説明はありません。レーガンが放ったシンプルなメッセージ（たとえば選挙戦での「四年前より暮らしは良くなったか」）が大きく壁に書かれ、当時、その言葉が人々の心に訴えたのは分かるのですが、これだけ？という気もしないではありません。

　次のギャラリーに入っていく廊下にも、レーガンの笑顔やかっこいい立ち姿の写真がまるで映画スターのようにたくさん貼られていて、ここは彼について学ぶというより、彼に憧れ、彼を愛する人たちのために作られた場所なのだと感じます。

　この扱い方は、大統領就任直後の銃撃事件にも表れています。二部屋を使い、最初の小部屋では、三つのスクリーンを使って撃たれたときの様子が再現されます。ちょっと衝撃的な（子供たちにはあまり見せたくないと思える）瞬間も入っています。そして次の部屋では、血のついた持ち物、その日に着ていたスーツの弾痕、使われた銃などがガラスケースで展示され、手術中の様子やレントゲン写真、一緒に撃たれた三人や犯人についての映像や写真が並びます。その力の入れようが、彼をヒーローにしているのが伝わります。その直前の、大統領就任演説があっさり片づけられていたのとは対照的です。

また子供たちが大統領職に憧れを抱くような工夫も、随所に見られます。たとえば演台に立ち、プロンプターに流れるレーガンのスピーチを読む体験ができたり、ホワイトハウスのディナーに招かれたと想定してメニューを見たりといった遊びが用意されています。一室まるごとを再現しているオーバルオフィスでは、ボランティアの説明員が、レーガンは禁煙するためにお菓子のジェリービーンズをいつも机の上に置いていたのよ、といった逸話を紹介してくれます。

極めつけはもちろん、パビリオンにある大統領専用機エアフォースワンと二〇一一年に追加された大統領専用ヘリコプター、マリーンワンの実物でしょう。

レーガンは在任中、二六か国を訪問していますが、その時の写真と各国の国旗が周辺を飾っています。タラップに立てば、手を振る姿をプロが写真撮影してくれて（断ることもできますが）、機内に入ると係員が、「空飛ぶホワイトハウス」と称された機内の装備を解説してくれます。子供も大人も興奮して、ポーズを決めたり写真を撮ったり、まるで「大統領テーマパーク」にいる気分です。

歴史家のテッド・マカリスターは、「エアフォースワンを展示したことで、他のすべての重要な出来事が覆い隠されてしまった」と書いているのですが、実際、巨大なパビリオンを歩き回り、エアフォースワンだのマリーンワンだのに乗り込み、あちこち写真を撮ったり、そこにいる説明員とおしゃべりに花を咲かせたりしてたっぷり遊んでしまうと、なんだかもう、今日の見学が終わったような気分です。「次はこちら」のサインに従って本館に戻ると、そこにまた次のギャラリーがあるのですが、なんだまだ続くのか、と思ってしまうような始末です。

続くレーガンの英雄伝説

気をとりなおして、ちゃんと見ないといけません。次からがいよいよ、レーガン政権時代です。最初は「アメリカの再建」と題された展示室で、レーガンの国内政策に焦点をあてています。ここにはデジタル・ゲームが用意されています。「税金のカット」「小さな政府」「規制緩和」「インフレ抑制」の四つのパズルのピースを集めると、そこに「強い経済」が生まれるというストーリーです。

次の展示室は外交政策で、国の防衛力を強化する一方で平和交渉を進めたこと、INF全廃条約調印の成果が強調されています。またソビエトや中国で拡大する共産主義の脅威、冷戦の終結、レーガンのもたらした平和などが語られます。

ここでも、大きな文字、写真や映像を使ったドラマチックなプレゼンが展開される一方で、「情報をちょっと絞り過ぎてやしない?」という感想も抱きます。子供たちは楽しんでいても、大人には物足りないでしょうし、歴史家から「取り上げ方に問題がある」「双子の赤字問題も、イラン・コントラ事件にも触れていない」といった批判が起こるのも無理はないように思えました。

そのほか、ナンシー・レーガンの活動やファッション、中南米、アフリカや中東といった世界各地の状況、レーガンが多くのときを過ごしたキャンプデービッド、軍隊や消防士などアメリカン・ヒーローやシークレットサービスをフィーチャーした部屋が続き、最後はレーガンの葬儀の映像です。棺の列には、誰もまたがらず、ブーツだけが脇に下げられた馬が加わり、ローマ時代から続く、英雄の葬儀スタイルであることが紹介されます。

大統領図書館にはいつもミュージアム・ショップがありますが、ここのショップは比較的大きくて様々な商品が並び、レーガンのカウボーイ・ベルト、ナンシーが着ていた真っ赤なマントなどまで売られています。カフェ「ギッパーのビストロ」でランチを買い、屋外に並べられたテーブルで、景色を堪能しながらくつろぐ人々も大勢いました。

レーガン大統領図書館外観(2022年11月撮影)

多くのボランティアたちが働いているところからも、レーガンがいまなお高い人気を保持していることが伝わります。館内各所に立っている彼らは皆、楽しくフレンドリーな人たちで、私が日本から来たことを知ると、「遠くに海が見えるだろう?　あの向こうが日本だよ」と教えてくれたり、「もうエアフォースワンは見たのかい?」などと話しかけてくれたりします。パビリオンの建設も、冒頭のホログラムの開発も、おそらくこうした多くの支援者たちの資金があればこそ実現できたことなのでしょう。

歴史家ハフバウワーは、大統領図書館を「大統領を祭り上げる寺院」と批判しています。特にミュージアムは政治的プロパガンダに利用される傾向があることを指摘し、「歴史」が「神話」に作り替えられないよう、NARAはもっと展示内容に介入すべきだと主張しています。

しかしここで働く人々の温かさに触れ、はしゃいでいる子供たちの姿を見ていると、自国の大統領に誇りを持つということが、彼らのアイデンティティや自尊心につながっていることにも気づかされます。貧しい家庭で育ち、アル中の父親を持ちながらも大統領にまで上り詰めたレーガンを、子供たちがヒーローと呼び、自分もアメリカ大統領になりたいと夢を描くことは、この国の未来のリーダーを生む土壌になっているのかもしれません。

ミュージアムが持つ魔力、感情を呼び起こし、人を惹きつけて夢を抱かせる圧倒的な力と、歴史記録を正確に伝えるアーカイブの役割とのバランスの難しさ、大統領図書館が持つ二つの役割について考えさせられる訪問でした。

11　ジョージ・H・W・ブッシュ　大学の知名度向上に貢献

【来歴】

東部の上流家庭からテキサスの石油ビジネスへ

ジョージ・ハーバート・ウォーカー・ブッシュは一九二四年六月一二日、マサチューセッツ州ミルトンで、父プレスコットと母ドロシーの次男として生まれました。先祖はイギリス王室にも縁がある名門の家柄でした。

ジョージが生まれるとすぐに、一家はコネチカット州に引越し、その地で父親は上院議員となります。セオドアやフランクリンを輩出したルーズベルト家もそうでしたが、アメリカ東海岸の上流階級には、富を持つものは公共のために尽くす義務を持つという、いわゆるノブレス・オブリージュと呼ばれる考え方が伝統的にあり、ブッシュ家にもそうした価値観が流れていました。

若き日のジョージは、マサチューセッツ州アンドーバーにあるエリート学校、フィリップス・アカデミーに通いました。優等生で、テニス、野球などスポーツも万能でした。「勝利をつかめ、ただし身勝手ではなく」という家訓があったことを、彼は後のインタビューで明かしています。

一九四二年、一八歳の誕生日に海軍航空隊に志願し、折から始まっていた第二次世界大戦では、最年少パイロットとして五八回のミッションを遂行します。四四年には太平洋戦域に配属されましたが、小笠原諸島の父島上空で撃墜され、飛行機からパラシュートで降下して太平洋を漂いました。同乗していた戦友二人はいずれも死亡します。日本軍の捕虜になってもおかしくない落下地点でしたが、数時間後にかろうじて米軍の潜水艦に救助されました。

戦争から帰国すると、バーバラ・ピアースと結婚します。二人の間には六人の子供が生まれますが、長女のロビンは白血病で幼少期に亡くなっています。

四五年にイェール大学に入学し、優秀な成績を収めて二年半で卒業すると、知人から石油ビジネスを勧められ、一路テキサスに向かいます。石油会社のセールスマンとしてテキサス州内を転々と移動した後、ミッドランドでザパタ石油を立ち上げ、一〇〇万ドル企業に成長させることに成功しました。

要職を経て大統領へ

テキサスの実業家として名をあげ、四〇歳を迎えたブッシュは、父親と同じく政界への進出を決意します。一九六六年に共和党員としてテキサス州から下院議員になり、二期四年務めた後、七〇年に今度は上院に立候補しますが、残念なことにこの選挙では敗れます。

しかしブッシュの活躍は、むしろ落選後に始まります。直後にニクソンによって米国の国連人使に任命され、七三年には共和党全国委員長となり、翌七四年にはフォード政権下で中国特命全権公使となり、七六年にCIA長官に就任します。

いずれも波乱に満ちた大変な職務で、共和党全国委員長のときにはニクソンのスキャンダルに揺れる党内をまとめ、中国に赴任してからは国交回復直後の不安定な二国間交渉に臨み、CIA長官になると違法な諜報活動や準軍事的介入で議会の集中砲火を浴びた組織の改革に腐心します。

こうして歴代大統領候補のなかでも屈指の実績を携えて、一九八〇年、五六歳の彼は大統領選に立候補します。共和党の指名争いの相手は、彼とは対照的なロナルド・レーガンでした。レーガンはカリフォルニア州出身の右派だったのに対し、ブッシュは東海岸生まれでテキサスを地盤とする中道派でした。レーガンが俳優出身で大仰なトークを売りにした一方、ブッシュは豊富な政治経験をベースに、イデオロギーをかざすよりはプラグマティックな対応を重視し、冷静で紳士的な語り口で知られていました。

最終的に指名を勝ち取ったのはレーガンでしたが、彼はブッシュを伴走者に選び、二人は一九八〇年の選挙を勝ち抜いて、四年後の再選も果たします。

一九八八年、六四歳になったブッシュは共和党の大統領候補となります。選挙戦では、ブッシュは軟弱だという保守層からの批判を受け、「よく聞きなさい（Read my lips）、増税はしない」と強気の態度を見せるのですが、この約束は後に彼を苦しめることになります。

レーガンに比べるとトークに面白みがないとされたブッシュでしたが、共和党はそれを補うかのような派手なテレビCMを盛んに流し、民主党の対抗馬マサチューセッツ州知事のマイケル・デュカキスを、レイプ犯を釈放するような危険な男だとして攻め立てました。一方、民主党側も副大統領候補のダン・クエールの稚拙さや徴兵逃れを追及し、互いのネガティブ・キャンペーンの応酬は、これまでで最も汚い大統領選と言われました。

世界の激動と湾岸戦争

ブッシュは四八〇〇万の得票で大統領選を制し、第四一代アメリカ大統領となります。現職の副大統領が大統領に当選するのは、実に一五〇年ぶりのことです。

ブッシュ政権の時代は、世界のビッグ・ニュースが毎日の報道を支配するような激動期でした。まず一九八九年六月、中国の首都北京で天安門事件が起きます。民主化を求めて集まったデモ隊が、戦車によって鎮圧される映像は世界に衝撃を与えました。

一方ハンガリーでは国境の柵が撤去され、これは同年一一月のベルリンの壁崩壊につながります。ポーランドではワレサが率いる連帯党が選挙に勝利し、ルーマニアでは共産党の独裁者チャウシェスクが倒されます。

同年一二月、ブッシュはマルタでソビエトのミハイル・ゴルバチョフ首相と会談し、東西冷戦に終止符を打ちます。ベルリンの壁が壊され、九一年一二月にはソビエト連邦が崩壊します。長い冷戦がようやく幕を閉じた一方で、九〇年八月、今度は中東で大事件が発生しました。イラクの大統領サダム・フセインがクウェートに侵攻し、一方的にこれを併合したのです。ブッシュは四二万人の米兵力を湾岸地域に集結させつつ、国連安保理の支持を取り付け、三〇か国におよぶ多国籍軍の結成に成功します。翌九一年一月には「砂漠の嵐作戦」と呼ばれる首都バグダッドへの空爆を開始し、一気にクウェートを解放しました。

湾岸戦争は、ブッシュ政権にとって最大の山場でした。味方の犠牲を最小限に抑えながら、ひと月余りでイラク軍を駆逐した手腕に、大統領の人気は急上昇します。

これで再選は間違いないと見られたのですが、国内問題で躓いてしまいます。景気後退のなかで失業率は七％近くにまで達し、財政赤字も拡大しました。そのためブッシュは選挙公約をたがえ、増税に踏み切ったのです。

国民は怒り、テキサスの億万長者ロス・ペローが独立党を結成して立候補したのも災いして、九二年の選挙では民主党のビル・クリントンに敗れることになりました。

こうしてブッシュ政権は一期で終わります。景気悪化と公約違反が、外交・軍事面の実績を帳消しにした結果でした。冷戦の集結が、アメリカ人の関心を国内経済に向けていました。

ホワイトハウスを去ると、ブッシュは表舞台から引退します。長男のジョージは二〇〇〇年に大統領に就任し、次男のジェブはフロリダ州知事を経て、二〇一六年には大統領候補としてドナルド・トランプと共和党の予備選を戦っています。しかし彼自身は政治の世界と一線を画し、誰もが期待したその後の回顧録も書きませんでした。

一八年、夫妻は相次いで亡くなり、いまは、幼くして他界した長女ロビンと三人並んで、ブッシュ図書館のそばの墓地に眠っています。

【大統領文書と図書館建設】

大統領記録法下の政権交代

一九九三年の政権交代は、大統領記録法制定以来、初めてのことでした。

日本では公文書館の利用者はほとんど歴史家だとされますが、アメリカの公文書は現職大統領や官僚、議会、裁判所などにも盛んに活用されます。ルーズベルト図書館が開館後、最初に受けたリクエストは国務省からのものだったと言います。

レーガン以降、大統領は退任と同時に記録のすべてを引き渡すことになりましたが、記録が開示されるのを恐れたレーガンが退任二日前に大統領令を発令し、開示には現職と元職の両大統領の事前許可をとるようにしたことは前章で書きました。

しかしレーガンからブッシュへの政権移行は同じ共和党内で、しかもブッシュはレーガンの副大統領だったのですから、ネガティブな記録がむやみに暴露されるリスクはそう大きくはありません。

今度は共和党（ブッシュ）から民主党（クリントン）への政権交代となり、現職大統領は当然、前政権の文書開示を請求してきます。また議会から情報公開請求があれば、大統領がそれを承認する可能性も高まります。

ブッシュは大統領最後の日、クリントンが就任演説を行なう一九九三年一月二〇日の午前中に、国立公文書記録管理局（NARA）長官のドン・ウィルソンと文書を交わします。それは、コンピュータ上で作成されたメールや文書、国家安全保障会議（NSC）の記録などを「大統領情報」と定義し、それらはブッシュの所有として、NARAへの提出義務を免れるとするものでした。

当時のNARAは、重要文書はすべて印刷してファイルしているのだからそれで十分という立場で、電子記録も保存すべきだとする市民グループと裁判になっている最中でした。この合意はその間隙を縫って交わされたもので、これによって多くの重要ファイルが破棄されたとみる学者は少なくありません。「これでは大統領記録法を作った意味がない」とNPO「アメリカ国家安全保障アーカイブ」は訴えています。ニクソンが一般調達局（GSA）と共謀し、大統領とGSAの近さが問題視されたからこそ、八五年にGSAからNARAを独立させたはずなのに、今度はNARA長官と大統領がこうした合意を結んでしまうのですから、大統領に記録をすべて提出させることが、現実にはいかに難しいかを思い知らされます。彼らを中心とした諸団体の提訴によって、電子記録も連邦記録であるとの判決が控訴裁判所で出るのが九三年八月、ブッシュとNARA長官の合意を無効とする最高裁判決は九五年、そしてNSCの記録も大統領記録法の対象であるとの判断が下されるのは九七年になってからです。

このように大統領記録の保存と開示は、この頃から連邦議会よりむしろ市民団体による一連の裁判に議論の場を移し、整備が進められていくことになります。

テキサスで二つ目の図書館

自身の大統領図書館については、ブッシュは一九八九年の初めに、やはりテキサスでオイル・ビジネスを展開していた友人マイケル・ハルボウティの訪問を受けています。ハルボウティの出身校であるテキサスA&M大学のキャンパスに、図書館を建てないかという打診でした。

同校は一九世紀に建てられたテキサス州最古の大学で、ヒューストンの北西一五〇キロに位置し、テキサスの歴史的発展を支えた伝統校でした。当初は農工（Agricultural & Mechanical）大学と呼ばれていたのですが、戦後はテキサス州立大学に押され気味とあって、大学名をA&Mと変更し、総合大学への道をとります。ライバルのテキサス州立大オースティン校にはジョンソン大統領図書館とその政策大学院がありましたから、ブッシュにアプローチしたのも、その対抗意識によるものだったかもしれません。

ブッシュはイェール大の出身でテキサスA&M大学とは何の関係もありませんでしたが、テキサスは二四歳の時に移住して以来の地盤でしたし、この大学の持つ「農業色（aggie）」が気に入ったとして、ここに図書館を建設することに同意します。

一九九一年、ブッシュ財団と大学とが一緒になって、八五〇〇万ドルに及ぶ資金調達活動が始まりました。これは世界規模で行なわれ、日本、クウェート、スーダンなどからも、それぞれ一〇〇万ドル以上が寄付されています。

こうしてキャンパスの西側にある三六万平米という広大な敷地に、HOKによる設計、マンハッタン建築による施工で図書館が建ち、その横には国際会議を開催するためのアネンバーグ大統領会議センターとジョージ・ブッシュ公共サービス大学院も併設されました。

開館式は九七年一一月でした。当日は米軍の特別パラシュート・チームによるパフォーマンスも披露され、共和党からブッシュ家一族のほかにジェラルド・フォードとナンシー・レーガン、民主党からビル・クリントン（現職）とジミー・カーター、そしてレディ・バード・ジョンソンが出席しました。オープニングに歴代大統領たちが勢ぞろいし、党派を超えて互いの業績を讃え合うのが、いまや大統領図書館の恒例行事となっていました。

進む大学との連携

開館するとすぐに、ブッシュは冷戦の終結をテーマにしたシンポジウムの開催を宣言し、招待客としてソ連のゴルバチョフ元大統領、イギリスのマーガレット・サッチャー元首相、そしてブッシュ政権時代の閣僚たちという豪華なメンバーを発表しました。

その後もテキサスA&M大学によって毎年「ジョージ・ブッシュ公共サービス賞」が発表され、世界の公共サービス部門で優れたリーダーシップを発揮した人物として、西ドイツのコール元首相、ロナルド・レーガン、エドワード・ケネディ、ロバート・ゲーツ元国防長官などが大学に招かれ、ブッシュ本人からメダルを授与されています。こうしたイベントは年間三〇万人の参加者を集めることに成功しましたから、大学としてはそれだけでも大統領図書館を誘致する意味があったと言えましょう。

また大統領図書館の側でも、大学との連携は、図書館のアーカイブ資料を活用した研究を進めてもらう以上の意味を持つようになっていました。一九九〇年代に入り、時代は徐々にデジタルへの移行を進めていましたが、国立公文書館（NARA）はオンライン目録の作成やインターネットの導入という点では、まだまだ立ち遅れていました。一方で大学の図書館はその分野の最先端を走っていましたから、大統領図書館は大学と連携することで、最新のIT技術を取り入れることができたのです。

他の大統領図書館でも、この頃から近隣の大学との連携が強まっています。講演会の開催、教育プログラムの開発に加え、目録の電子化やオンライン化の推進などが、財団と大学のパートナーシップで進められていきます。こうして後にインターネットが登場すると、個々の大統領図書館はワシントンのＮＡＲＡ本部に先んじてＷＥＢ上のホームページを開設し、独自の情報発信を展開していくことになるのです。

増加するバックログ

その一方で、大統領図書館はバックログ（未処理文書）の増加に悩まされるようになります。七八年に制定された大統領記録法は、大統領記録の整理方法を根本から変えていました。それまでは、まず大統領自身が自分の文書を整理し、秘密指定などの指示もつけたうえでＮＡＲＡに渡す、というプロセスだったのが、記録法以降は、退任時にすべての大統領記録が未整理状態のまま一度にＮＡＲＡに引き渡され、それからアーキビストたちによる仕分けが始まるという、どう考えてもＮＡＲＡの負担が倍増する手順となります。

加えて七八年以降は、大統領記録も情報自由法（ＦＯＩＡ）の対象となりました。「寄贈」文書は情報公開請求の適用外なため、カーター政権までは、ある程度の整理が終わるまで文書を非公開にすることができました。しかしレーガン政権以降は、「整理期間」が終わると、国家機密や個人のプライバシーに関わる文書以外は原則公開となり、ＦＯＩＡに基づいた情報の開示請求が一斉に押し寄せます。

大統領図書館法はこの「整理期間」を退任後五年としています。ＮＡＲＡは後にこの見込みが完全に甘かったことを認めるのですが、実際に五年間で整理できたのは、レーガンで全文書の九

%、ブッシュでは五％にすぎませんでした。情報公開請求が来ると、査定作業が終わっていないファイルも含めて該当文書を探し出し、開示できるかどうかの判断を個別に行なう必要があり、それらに忙殺されると、ますます系統立てた文書整理が進まないという悪循環に陥ります。

このバックログ問題はこの後どんどんと深刻度を増し、デジタル時代に突入すると、もう手の施しようがないほどになっていくのですが、それはまたあとで語ることにしましょう。

【ミュージアム訪問】

夫婦の人生を一緒に扱う展示

テキサスA&M大学は、カレッジ・ステーションという町にあります。ヒューストンから車で一・五時間北上、またはダラスから飛行機で一時間南下します。学生数七万人は全米一位の規模を誇り、キャンパスは二〇キロ平米と言いますから、東京都港区全域にほぼ匹敵する広さを持つ超メガ大学です。

私は大学構内にあるホテルをとっていましたが、グーグルマップによればホテルからブッシュ図書館までは真っ直ぐな一本道がつながっていて、徒歩で三〇分とあります。これならキャンパスをぶらぶら見ながら歩いていくのに丁度いい、と思っていました。

ところが歩き出してみると、それは片側二車線の幹線道路で、歩いているうちに歩道も消え、向こう側に横断するのも命がけという状況で、ここは歩く道ではないと判明したのですが、ここまで来たらもう前に進むしかないと心に決め、超速足で車道脇を猛進し、キャンパスの端にある図書館になんとか辿り着くことができました。

テキサス産の花崗岩と石灰岩でできた白い建物の前には八本の星条旗がはためき、威厳をたたえています。ひと息ついたあと入口に入ると、持ち物をセキュリティ・ゲートに通すよう言われ（大統領図書館では初めてのことです！）、まるで大使館にでも来た気分です。ドーム状になったエントランスホールで受付を済ませたら、まずは奥のシアターで、ブッシュの人生をおさらいする二五分間のフィルムを見ます。

ブッシュ大統領図書館入口（2022年11月撮影）

上映が終わると展示室に入りますが、ここでも彼の人生を時系列で追っていくことになります。

幼少の頃の展示では、右側の壁にはブッシュの家族や生い立ち、左側の壁には妻バーバラの家族や生い立ちが語られます。これまでのミュージアムでは、ひとしきり大統領の人生を語ったあとでファーストレディの別室を設け、そこで彼女の生い立ちや夫の政治活動との関わりが説明されることが多かったのですが、ここでは最初からバーバラと一緒に説明が始まります。

両家とも東海岸のいわゆるＷＡＳＰ（ホワイト・アングロサクソン・プロテスタント）の上流階級の出身です。幼い頃に大恐慌が起きているはずですが、その影響はほとんど感じさせず、家族でテニスを楽しんでいる姿や高級避暑地での写真など、恵まれた家庭環境が伝わります。

一九四一年一二月、ジョージが一七歳、バーバラが一六歳のときに、二人はコネチカット州のカントリークラブで開催されたクリスマスのダンスパーティで出会います。その前に真珠湾攻撃があり、すでに戦争が始まっていましたが、二人は密かに結婚の約束を交わします。

テキサスでの新生活

ブッシュはそのまま戦争に行きます。展示室には、ブッシュが空母から飛び立ったのと同じＴＢＭ機の巨大なレプリカが天井から吊り下げられています。

バーバラの名前が書かれた戦闘機に乗るブッシュの写真もあります。海軍では機体に個人名を書くことは禁じられていたという説明書きが下にありますが、三機に書かれたという「Barbara」の文字はかなり大きくて、とてもコソコソやっていたことのようには見えません。後年の堅実で控えめなブッシュではなく、おおらかな若いブッシュの姿です。

一九四四年九月、父島への飛行で奇跡的に助かった彼は、勲章を授かってクリスマス時期に帰国し、年が明けるとすぐにバーバラと結婚します。教会での結婚式の写真と、そのときに来たドレスが飾られています。美しく華やかに見えますが、それでも戦時中とあって、招待客などは最小限に控えられたようです。

彼はそのままイェール大で経済学を専攻し、優等で卒業します。長男ジョージがようやく二歳になった頃、一家は西テキサスのオデッサへと向かいます。

for the way things were
going in the country and
my feeling that we had
an obligation to give
something to a society
that had given
us so much."
—George Bush
下院議員当選時の一家の写真(2022年11月撮影)

展示室には、ブッシュ一家がテキサスに向かうときに乗ったのと同じ一九四七年製のツードア・クーペが置かれています。東海岸で裕福に育った夫婦が、幼い息子を抱いてテキサスへの移住を決めるなんて相当な決心だったと思いますが、戦争が終わった開放感もあったのでしょうか、「これまでの生活と全く違うものを見つけたくて」、ブッシュは当時注目されていたオイル・ビジネスに向かいます。

テキサスでの二〇年は、ブッシュの石油事業が拡大していく一方で、次々と家族が増えていく物語でもあります。幼くして亡くなったロビンのことは特に詳しく扱われ、彼女を失ったときにブッシュが母親宛てに書いた手紙が展示されています。

次は、政治家への転身が描かれます。下院議員、国連大使、共和党全国委員会委員長、中国事務所の特命全権公使、そしてＣＩＡ長官と、次々に重責を担っていく姿を辿ります。

子供たちへの手紙

展示のなかに、ブッシュが息子たちに向けて書いた手紙がありました。ウォーターゲート事件の公聴会が連日テレビ中継されていた一九七三年七月の日付です。「父親がRNC（共和党全国委員会）のトップを務めていることで学校でからかわれたり辛い思いをしたりしているかもしれないね」と子供たちをねぎらったあと、自分も次々と明らかになることに驚かされ騙されたような気分になるときもあるけれども、タイタニック号のボイラー室にいるような感じで、この難局をなんとか乗り切ろうと頑張っている、苦しいときこそ国を前に進めなくてはならないというのは、私が父から学んだことだ、私たちは幸せな時代の幸せな家族として生きているということを忘れないでほしい、といった言葉を綴っています。読む者の琴線に触れる、心のこもった手紙です。

ブッシュは人の感情に訴えることが不得手だと言われていました（そもそも選挙演説で聴衆に「よく聞け！」と訴えるべきときに、「Read my lips」だなんて気取っていてどうするのよ、と思ってしまう）。それが家族には、こんなにも率直な気持ちを伝えていたとは！

ミュージアムの側でも、家族人としての飾らないブッシュの魅力を伝えたいのでしょう。気がつけば、政治的キャリアを辿る展示のあちこちに、その時々の家族写真、バーバラや子供たちと交わした言葉が挿入されています。

もうひとつ、このミュージアムの特徴として、ギャラリーのあちこちに置かれた子供向けの展示があります。私の腰の高さ（子供たちの目線の位置）に小さなボックスが置かれていて、そこでブッシュの物語が語られていたり、ちょっとしたクイズがあったりします。子供たちもまた、彼らなりに館内を楽しみながら見て歩けるような工夫です。

湾岸戦争前夜の手紙

一九八九年、ブッシュは選挙戦を勝ち抜き、大統領となります。

大統領執務室のレプリカ、外国から贈られた副遺物の数々、アメリカ人障害者法や大気浄化法などの彼の政策についての展示が続きます。

バーバラのギャラリーもあります。三男のニールが識字障害に苦しんだこともあり、彼女は子供たちへの読み聞かせを日課にしていました。この部屋には、実際にたくさんの絵本と低い椅子が並び、ミュージアムに来た親子がちょっと一休みできる空間にもなっています。

次が外交政策です。立ちふさがるように聳え立つ巨大なベルリンの壁岩（実物です）の脇を通り、冷たい戦争の終結を告げる展示を抜けると、次は中東の戦争が始まります。

ホワイトハウスの地下にある作戦会議室が再現されています。ここで国家安全保障会議（NSC）が開かれるのです。窓も装飾もない部屋の中央のテーブルには八つの端末が並べられ、見学者はその画面を操作しながら、この場所で毎日、刻々と報告され協議されたであろうイラク情勢を追えるようになっています。

砂漠の嵐作戦（2022年11月撮影）

部屋を出ると、そこにもまたブッシュの手紙があります。一九九〇年の年末、湾岸戦争前夜に五人の子供たちに宛てたものです。「この仕事に就いてから、私はプレッシャーや試練について語ることはするまいと思ってきた」「私は孤独ではない。私には優秀で献身的な一流のチームがついている」「何人の犠牲なら許容範囲かと聞かれるのはつらい。おまえたちには、すべての人の命は尊いということを知っておいてもらいたい」「しかしサダム・フセインが侵略行為によって利益を得ることは許してはならない。原則は守られるべきで、妥協も断念もしない」「すべてがうまくいけば皆が手柄を誇る。うまくいかなければ、議会は私を弾劾にかけるだろう」「私はやるべきことをやる。家族の愛が私を強くしてくれている。私はこの世で最も幸せな父親だ。神のご加護があるように。良い年を迎えられるように」

まるで日記でも書いているかのように綴られた手紙です。飄々とした顔の奥には、底知れない不安も恐怖もあったろうと、いまさらながらに感じます。

そして翌年一月一七日、湾岸戦争の火ぶたは切られます。作戦を解説した部屋には、戦車のレプリカが置かれ、砂漠をどのように攻略したか、各国がどのような役割分担をし、地上戦を展開したかなどの説明パネルが続きます。

戦争の終結宣言をするブッシュの笑顔、八九％の支持率獲得を報じるニュース記事のあとで、一九九二年の選挙戦の展示に入ります。ロス・ペローがブッシュの票を喰ったとする戦況分析とともに、クリントンに敗れたことが報告されます。

そして最後は退任後の、夫婦と家族の生活です。海軍のパイロット時代にパラシュートの経験を持つ彼は、リタイアしてからもスカイダイビングが大好きで、周囲の反対にもかかわらず、八〇歳の誕生日にも上空からのダイビングに挑戦しました。

子供たちの成長も大きなハイライトです。長男はテキサス州知事から、やがて大統領に就任します。ジョン・アダムズ（第二代）とジョン・Q・アダムズ（第六代）以来、米国史上二組目、実に一七二年ぶりの父子大統領です。

息子の就任式に出席した夫妻の姿は、本当に誇らしげです。一期で終わった大統領は、その後ずっとトラウマを抱えながら生きていくとも言われますが、五人の子供と一七人の孫に囲まれた晩年の写真を見ていると、いろいろとあった人生だけど、最後は幸せだったのではと思わせます。

二〇一八年四月、バーバラが九二歳で亡くなり、それを追うようにして半年後、ブッシュも九四歳で亡くなります。戦時下の一九四五年に結婚してから、七三年におよぶ結婚生活で、二人の転居は二九回に及びました。

二〇一九年、ブッシュ図書館のミュージアムには二三万人が訪問しました。帰り道は今度こそ、キャンパス内をぶらぶら散歩していくことにしましょう。

12　ビル・クリントン　町全体の再開発を呼び込む

【来歴】

ケネディに会って、政治家を目指す

ウィリアム・ジェファーソン・クリントンは、一九四六年八月一九日、アーカンソー州の小さな町ホープでウィリアム（ビル）・ブライス三世として生まれます。いわゆる戦後のベビーブーマー世代の一人です。

ビルの家庭環境はいささか複雑です。父親はビルが生まれる三か月前に交通事故で亡くなったとされますが、母バージニアは恋多き女性で、本当の父親は他にいたとも噂されます。母親はビルを両親に預け、ニューオリンズで看護師研修を受けますが、一九五〇年にホープに戻り、車のディーラーをしていたロジャー・クリントンと再婚します。ビルもそれを機に引き取られ、養父の姓を名乗るようになります。

しかし当初優しかった養父は、徐々に家庭内で暴力をふるうようになり、暴れると銃や刃物も持ち出して、時には警察沙汰になりました。しかしビルはそれを「家族の秘密」として親戚にも学校関係者にも一切相談せず、母とその後生まれた幼い弟をいかに守るかに一人で心を砕きながら、少年時代を過ごします。

とは言え学校でのビルはいつも明るく、成績もよく、クラスの人気者でした。そこにいるだけで、自然とその場の中心になったと小学四年生のときの友人が回想しています。

高校在学中の六三年夏には、少年リーダーシップ・プログラムのアーカンソー州代表となり、ホワイトハウスに招かれてケネディと握手しています。またマーティン・ルーサー・キング牧師の活動にも強い影響を受け、若い頃から、将来は政治家になると決めていました。

ワシントンDCにあるジョージタウン大学に入学すると、学生自治会で活動し、アーカンソー州選出のジェームズ・フルブライト上院議員（外交委員長としてフルブライト奨学金を創設した人です）のインターンも経験しました。六八年に卒業すると、ローズ奨学生として二年間イギリス・オックスフォード大学に留学します。このときベトナム反戦デモに参加しています。

米国に戻ってからはイェール大学ロースクール（法科大学院）に進み、ここでひとつ年下のヒラリー・ローダムと出会います。

七三年に卒業すると、二六歳のビルは故郷に戻り、アーカンソー大学のロースクールで教鞭をとり始めます。翌七四年には、ニクソン辞任の追い風を受けて民主党から早くも下院議員に立候補しますが、現職を破ることはできませんでした。

このときヒラリーはちょうどウォーターゲート事件の弾劾調査委員会メンバーという、卒業したての法学生としては最高に栄誉な仕事に就いていましたが、委員会の終了とともに自分もアーカンソー州に移住する決意をし、ビルと同じ大学院で法律を教え始めます。七五年一〇月、二人は結婚し、八〇年にはチェルシーという一人娘が生まれました。

高い人気と激しい反発

七八年、クリントンは民主党から同州の知事に立候補すると、みごと当選を果たし、弱冠三二歳で最年少の州知事となりました。八〇年の再選挙では敗れますが、二年後には返り咲き（当時のアーカンソー州知事の任期は二年でした）、それから一〇年間、同州知事を務め、九二年にいよいよ大統領選に立候補します。

予備選では、リベラル色を薄めた現実主義の「新たな民主党員（ニュー・デモクラット）」としてアピールし、民主党の指名を勝ち取りました。本選挙では、テネシー州のアルバート・ゴア・ジュニア上院議員を併走者に指名し、現職のブッシュ大統領とテキサス州の実業家ロス・ペロー氏との三つ巴の闘いに挑みました。

ブッシュが湾岸戦争の成果をアピールし、安全保障や外交の重要性を説いたのに対し、クリントンは「経済だ、馬鹿野郎！（It's the economy, stupid!）」というスローガンを掲げ、国内景気の悪化や、七％台に達した失業率を問題にして選挙戦を戦いました。

第二次世界大戦の従軍経験を持つ最後の大統領となる六八歳のブッシュと、戦後生まれで軍隊経験がなく、ベトナム反戦運動にも参加していた四六歳のクリントンの戦いは、時代の変化を象徴するものでした。

彼の選挙活動は、これまでの型を破る活気に満ちたものでした。パブでサックスを演奏してみせ、若者とタウンホールミーティングを開いて語り合い、どんな小さな集会にも顔を出し、選挙戦終盤になっても疲れも見せず、そこにいるすべての人と握手を交わし、赤ん坊を抱き、ペットの頭をなで、人々との触れ合いを楽しんでいるようにさえ見えました（そのため次のキャンペーン会場にはいつも大遅刻でした）。こうしてクリントンは現職から勝利を奪い取り、第四二代アメリカ大統領となります。

就任後は、経済の回復、国家債務の縮小、アメリカ人すべてを対象にした医療保険制度の創設などに取り組みます。

ただクリントンの高い人気は、その裏で強いアンチの動きも形成し、特に彼の掲げる新しい価値観（同性愛者権利保護、人工妊娠中絶緩和など）は、それらを伝統的教理への脅威と感じる人々の間に強い反発を招きました。

九四年の中間選挙では、共和党の大攻勢を受け、民主党は実に四二年ぶりに上下院の多数派の座を奪われます。共和党は同時に多くの州議会や州知事も掌握し、「共和党革命」と呼ばれました。

クリントンの銃規制強化や富裕層への増税、なかでも国民皆保険制度は激しい攻撃対象となり、その年の議会は予算を承認せず、アメリカは史上初めての政府機関封鎖を経験します。共和党強硬派のクリントン批判はその後も厳しさを増し、これまでは「大目に見られていた」大統領の私生活の暴露とその後の弾劾に至る流れは、この頃から生まれていたとされます。

女性問題から弾劾裁判へ

クリントンは外交面ではあまり積極的に動くことはなく、ボスニア、ハイチ、イスラエルとパレスチナなど、他の諸国からの強い要請を受けた場合などに、必要な対応をする姿勢を貫きました。

国内政治では、パソコンやインターネットの普及によってＩＴ・ハイテク産業が空前の繁栄を迎えていました。クリントンはレーガン政権から財政赤字の削減と規制緩和については引き継いだものの、減税路線は見直され、ガソリンやたばこの増税に加え、法人や富裕層に対する税率も引き上げました。しかしそれらが景気を冷やすことはなく、アメリカは年率二―三％の経済成長を続けます。大幅な国防費の削減によって国家財政は黒字に転換し、政権当初に七・四％あった失業率は九六年には五・四％にまで下がります。妻ヒラリーが主導した国民皆保険制度は実現できませんでしたが、家族・医療休暇法などによって福祉を充実させ、犯罪率の低下にも成功しました。

絶好調の経済を受け、一九九六年、クリントンは再選を果たします。民主党の大統領が再選されるのは、フランクリン・ルーズベルト以来のことです。独立党のロス・ペローも、四年前の得票の半分以下に留まりました。

しかしクリントンの二期目は、苦しい時期となりました。独立検察官ケン・スターは当初、クリントンのアーカンソー州知事時代にヒラリーが行なった不動産投資について調査をしていたのですが、そこから九八年にホワイトハウスのインターン、モニカ・ルインスキーとの不倫疑惑が浮上したのです。

実はクリントンは大統領就任前からすでに女性問題を取り沙汰され、ずっとそれがアキレス腱だと見られてきたのですが、宣誓供述の嘘が明るみに出て、同年、下院は弾劾を決定します。アメリカでは一八六八年に、第一七代大統領アンドリュー・ジョンソン（在任１８６５―１８６９）が南北戦争後の党派対立を受けて弾劾裁判を受けているのですが、クリントンはこれに続き、史上二人目の不名誉な大統領となりました。

「不適切な関係」に起因する偽証罪と司法妨害の容疑は上院で審理され、九九年二月、投票の結果は有罪に必要な三分の二に遠く達せず、無罪が決まりました。

歴史的高支持率で退任へ

メディア報道は過熱ぎみでしたが、二〇世紀で最長となる好景気に支えられ、国民のクリントンの人気は落ちるどころか弾劾裁判後もさらに上がり、彼は七三%という歴史的な高支持率で大統領職の残り数年を務めました。

退任間近の二〇〇〇年七月には、キャンプデービッドにイスラエルのバラク首相とパレスチナ自治政府のアラファト議長を招き、形骸化していた九三年のオスロ合意をなんとか復活させようと交渉しましたが、残念ながら進展はみられず、国際的レガシーを残すことはできませんでした。

一方ヒラリーは、二〇〇〇年にニューヨーク州選出の上院議員に当選し、二〇〇八年には民主党の大統領指名選挙に立候補しましたが、予備選でバラク・オバマ上院議員に敗れます。八年後の二〇一六年には再び立候補し、この時は民主党の指名を獲得して主要政党初の女性大統領候補となりましたが、本選でニューヨークの実業家ドナルド・トランプに敗れました。

現在、夫妻はニューヨークにオフィスを構え、国内外で講演活動などを行なっています。またクリントンはベストセラー作家ジェイムズ・パタースンとタッグを組み、大統領を主人公とした小説『The President is Missing（邦訳：大統領失踪）』（二〇一八年）を刊行するなど、新たな才能を発揮しています。

【大統領文書と図書館建設】

廃線となった鉄道駅周辺を図書館用地に

一九九七年二月、二期目に入ってすぐ、クリントンは大統領図書館の建設予定地としてアーカンソー州の州都であるリトルロックを選んだことを発表します（この頃には、一期目で大統領図書館について決めると二期目がなくなるというジングスが生まれ、クリントンは発表を控えていました）。リトルロックは彼が知事時代を含め、一六年間住んだ町でしたが、州都と言っても、人口二〇万人足らずの小都市です。クリントンが選んだ土地は、市の北東を流れるアーカンソー川のほとりで、鉄道が廃線になったあと、鉄橋や駅舎がそのまま放置され、古い倉庫が置かれたままの場所でした。

しかし川とその周辺に広がる湿地帯の眺めは素晴らしく、また頑丈な鉄道橋も、改修すれば市としてのいいシンボルになると思われ、橋のふもとの一二万平米の土地を再開発することにしたのです。同時にアーカンソー州立大学と提携し、ここに政策大学院を置くことも合意しました。

一億ドルを超える建築事業は、リトルロックにとって初めての巨大プロジェクトです。クリントンはこれが市の経済発展につながることを信じ、地元の子供たちに対する教育効果にも期待を寄せていました。

建物は建築家ジェームズ・ポルシェック（現エニアード建築）が担当し、工事は二〇〇一年一二月に着工しました。

　クリントン図書館は政府の建物として初めて、エネルギー効率が極めて高く、環境にやさしい建築物として米国グリーンビルディング協会のLEED認証を受けます。国立公文書館（NARA）が一九九四年、メリーランド州に新たなアーカイブ施設を開設したときに設定した資料保存のための厳しい建築基準を、大統領図書館にも適用した成果です。

　しかしその一方で、建築費は一億六五〇〇万ドルという当初予算の六割増しとなり、これは前大統領（パパ・ブッシュ）の二倍にあたりました。

　また一九八六年の大統領図書館法改正を受け、NARAが管轄する床面積を七万平方フィートに抑える必要があったために、アーカイブ室が手狭になり、アーキビストたちの作業効率を著しく悪化させて、バックログの増加に拍車をかけたとも言われています。

アーカンソー川の鉄橋(2023年3月撮影)

拡大する大統領財団

　クリントンは二〇〇四年に図書館を開館すると、カーター・センターのコンセプトを受け継ぎ、翌〇五年にクリントン・グローバル・イニチアティブを立ち上げます。クリントン財団によって継続的な資金調達活動を行ない、それを教育、健康、環境などの問題解

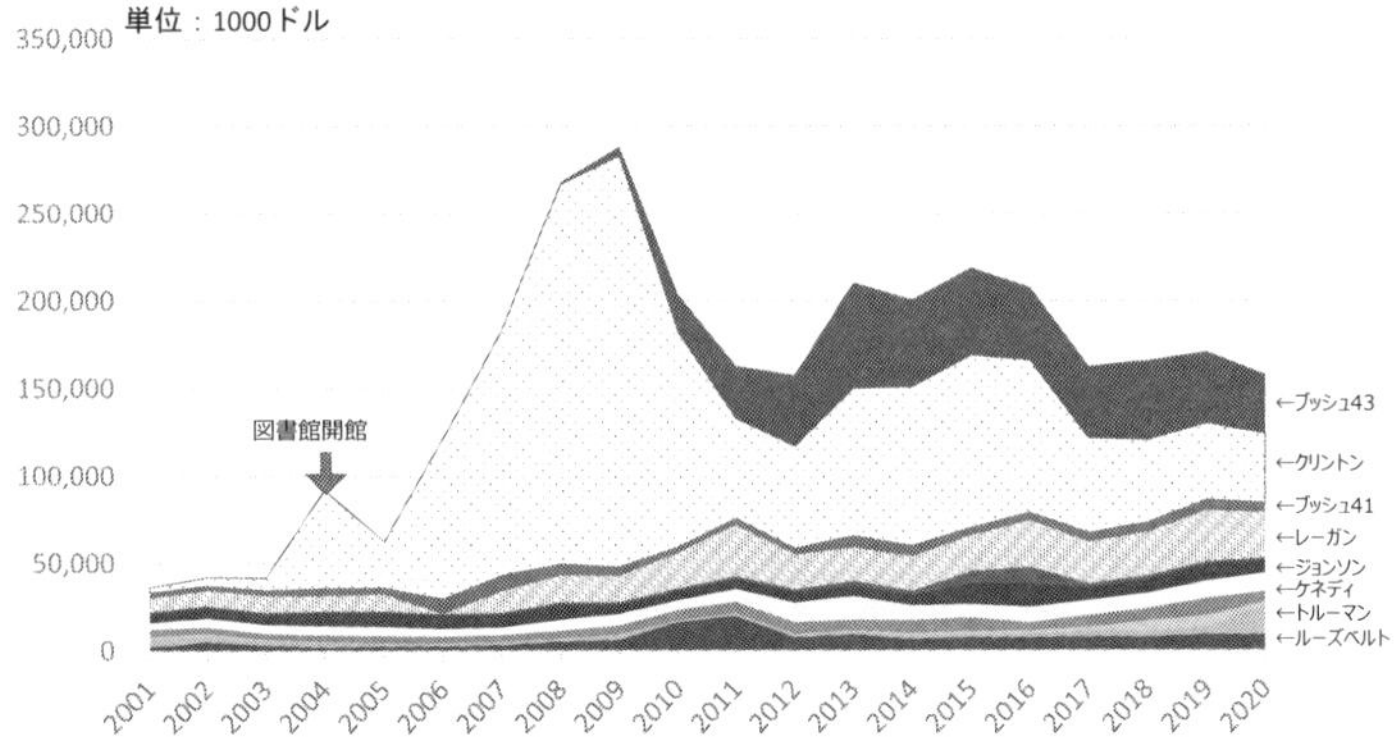

図3　大統領財団の支出額推移 2001-2020
出典：各財団が内国歳入庁に提出したForm990より著者作成

決に向ける事業活動です。

図3は、各大統領財団が内国歳入庁（IRS）に提出した毎年の支出額を追ったものですが、図からはクリントン財団の活動規模が図書館開館後に急拡大していることが見て取れます（支出の内訳は分かりません。またカーター・センターについては、図書館完成後は図書館に資金を出していないとされていますので、図から省きました）。

二〇〇八年の大統領選挙では、ヒラリーは民主党の指名をめぐってオバマと戦っていましたから、これは選挙キャンペーンの一環ではないのかという疑惑を持たれても当然のことでした。クリントン財団は高額寄付者の名簿を公開するなどして防戦に追われます。

その後、クリントン財団の活動は縮小されますが、注目したいのは、これが他の大統領財団に及ぼした影響です。二〇〇一年の時点では、一一財団合わせて約三六〇〇万ドルだった年間支出は、二〇年後にはブッシュ・ジュニアを加えた一二財団の合計で一億七〇〇〇万ドルと五倍近くにまで拡大しています。NARAの大統領図書館部門の予算は二〇〇七年で約七〇〇〇万ドル、二〇二〇年になっても九〇〇〇万ドル程度ですから、この二〇年で大統領財団が、NARAの予算規模をはるかに凌ぐ資金を支出するようになったことが分かります。

しかし拡大する財団の力は多くの問題も引き起こします。財団の合意が得られない展示は開催しづらい、財団とうまくいかない館長は辞任せざるをえなくなるといった声が聞かれるようになり、二〇〇四年、NARAは一五人の有識者を集め、大統領図書館に関する初の全国会議を開催しました。

それまでNARAの主要な関心はアーカイブにあり、ミュージアムの運営はほぼ各館の裁量に任されていました。収集や保存にかけてはプロフェッショナルなアーキビストたちも、展示やイベントは必ずしも得意ではなく、財団の主張に引っ張られがちです。しかし一般への影響度という点では、ミュージアムの展示や学校向けプログラム、一般向けシンポジウムなどで語られている内容は、決して軽視できません。

会議では、歴史家ハフバウワーらの主張を取り入れ、NARAがミュージアム運営についても指導、管理すること、各館の展示やプログラムにNARAの承諾や評価を導入することなどが検討されました。大統領図書館としての統一ロゴの作成、運営ガイドラインの作成なども進められ、NARAの戦略計画や年次報告にも、深刻化するバックログの解消とともに、展示や教育プログララムを通じた市民リテラシーの向上が、達成目標のひとつとして明記されるようになりました。

二五億ドルの経済効果

二〇〇四年一一月一八日、雨のリトルロックで、クリントン図書館の開館式が開かれました。三万人の招待客のなかには、ブッシュ父子、ジミー・カーター、アルバート・ゴアといった政治家だけでなく、俳優のロビン・ウィリアムズ、歌手のバーバラ・ストライサンド、バンドU2のボノなど、交友関係の広かったクリントンらしく、エンターテイメント界の著名人も多く混ざっていました。

またオープンと同時にホームページが開設され、大統領関連文書の一部がデジタルアーカイブとして公開されたのも特筆すべきことでしょう。クリントンはホワイトハウスのホームページを持った最初の大統領でしたが、文書のデジタル化は、開示のスピードをあげることに貢献していました。

リトルロックにはその後、大きな変化がもたらされます。クリントン財団の財力によって一帯が整備され、片側五車線の高速道路が通り、開館後一〇年のあいだに三〇〇万人がここを訪れ、地価は二倍になり、その経済効果は二五億ドルに及んだとされます。

二〇一一年三月、東日本大震災が起きたときには、パパ・ブッシュがここを訪れ、クリントンと一緒にミュージアムの一室から日本への支援を呼びかける映像を流しました。

二〇一六年の大統領選に落選したヒラリーも（もし大統領になったら、この横に二つ目の大統領図書館が建つのではないかと期待されていたのですが）、ここで娘チェルシーと一緒に女性の社会活動を支援するシンポジウムを開催するなどしています。

【ミュージアム訪問】

広大な大統領センター＆パーク

日本からリトルロックに行くには、米国のどこかの都市を経由することになります。私が利用したのは最も近いテキサス州ダラス国際空港で、そこからなら一時間ほどでした。

その名もビル＆ヒラリー・クリントン空港に降り立ち、車で一〇分も走ればダウンタウンに着きます。川沿いでは何台もの大型クレーン車が盛んに土を掘り返しているのが見え、今はまた河川敷の公園を拡大する七年プロジェクトが始まっているということでした。

近づいていくと標識は「ウィリアム・クリントン大統領センター＆パーク」となっていて、早くも「パーク（公園）」を売り物にしている印象です。

左手にある川に向かって突き出している、まるで宙に浮いているかのような建物がミュージアム。その先には全長八〇〇メートルもある頑強な鉄橋が続き、自転車やスケートボードに乗った若者たちが気持ちよさそうに渡っていきます。手前には、昔の駅舎だった赤レンガの建物があり、

クリントン大統領ミュージアム外観（2023年3月撮影）

そこがアーカンソー州立大学に属するクリントン公共サービス大学院です。その裏にはアーカイブ施設（別棟）がありますが、隣のミュージアムが巨大なせいか、むしろ小さくひっそりとした印象を受けます。

ミュージアムは三階建てです。地下一階はカフェのみ（川の土手にあたり、壁面いっぱいの窓から川が望めます）で、一階はエントランスとショップ、大統領リムジンの展示および特別展のためのギャラリー。メインとなるのは二階で、ここが一番広くて（むしろ「長い」と言いたくなるほど、南北に細長いフロアなのですが）、導入フィルムを見るためのシアター、集会を開くときのホール、閣議室のレプリカ、そしてクリントンの政策を紹介する展示室が並びます。

シアターで見る導入フィルムは一二分。白髪のクリントンが登場し、アーカンソーの小さな町ホープで過ごした幼少期から大統領に就任するまでの生涯を写真や映像を見せながら紹介していきます。イェール大で遠くからヒラリーを見つめていたら、彼女が近づいてきて「あなたは私を見てるし、私はあなたを見てるんだから、お互い名前を知っていてもいいと思わない？」と言ったといいます。

政治家になってからは、「自分の意見を語ることに夢中で、他人の意見を聞くことを忘れていたために」落選も経験したと語ります。しかしそうした経験が、後のクリントンの秀でた状況対応力に生きていくのでしょう。大統領になってからのことは比較的短く、ヨルダンのアブドッラー二世・フセイン国王や南アフリカのネルソン・マンデラ大統領がクリントンの功績を讃える形で紹介されます。

シアターを出て最初に見るのが閣議室のレプリカです。ずらりと並んだ十数脚の椅子の背にはそれぞれ「大統領」「国務長官」「国防長官」などと書かれた金のプレートが貼り付けられ、並び順も決められています（大統領の椅子だけ、背もたれの高さが他より少しだけ高くなっています）。机上のタッチスクリーンでは、ここで話し合われた数々の議題が紹介され、壁にはクリントン政権時の歴史的映像が映し出されています。

一四のテーマ別展示

閣議室を出ると、政権時代の政策を解説する長さ三〇メートル以上あるフロアの入口に出ます。真ん中を仕切るようにして、大きなパネルが奥へと並び、両脇には、テーマ別に仕切られたコーナーが七つずつ、これもずっと奥まで続いているのが分かります。

ラルフ・アッペルバウムによるデザインは、クリントンのリクエストに応え、アイルランド・ダブリンのトリニティ・カレッジ図書館のイメージを再現したということですが、両側にコの字型に仕切られたアルコーブは、地元の人にとっては、一八世紀の古い図書館というより、アーカンソー川の両岸に並んだハウスボートを想起させたそうです。

各コーナーは、それぞれ「経済の回復」「医療保険制度改革」「環境保護」といったテーマを掲げ、当時の議会映像や関連資料、数値や図表、データの解説、写真や映像が所狭しと展示されています。

そのひとつ、「権力闘争（Fight for Power）」と名づけられたコーナーで、弾劾裁判が取り上げられていました。六〇年代半ばから徐々に大きくなってきた共和党と民主党の間の党派対立が、議会でいかなる妥協も許さない強硬派を生み、とうとう政府機能を封鎖してでも自分の主張を通すまでに過激化したと説明文は語ります。アメリカでは八〇年代の選挙で個人攻撃が始まり、九〇年代半ばになると政敵のスキャンダル探しが始まり、それがメディアの視聴率稼ぎと連動したことも示されます。「アーカンソー・プロジェクト」と呼ばれたクリントンのスキャンダル探しには、保守派の富豪メロン・スカイフが二〇〇〇万ドルを注ぎ込みました。

3階から階下を見た眺め（2023年3月撮影）

独立検察官制度についての解説もあります。ウォーターゲート事件を発端に、非常に強い権限を与えられて始まった制度でしたが、その後は政敵を失脚させるためのツールとなった、と展示は指摘します。九八年までに七つの調査を行ない、それには連邦予算合計一億ドルが使われたものの、結局何ももたらさず、税金の無駄遣いとされて、九九年に制度が廃止されたことが書かれています（現在の「特別検察官制度」についての言及はありません）。

そしてその流れのなかで、クリントンの女性スキャンダルも必要以上に大きく騒がれたとし、アメリカ人の六割は弾劾裁判を「共和党の党派的理由によるもの」と見ているという数値が示されます。その証左として、九八年の議会選挙で共和党は敗北し、クリントン攻撃の急先鋒だった下院議長ニュート・ギングリッチが辞任に追い込まれたことをあげています。

情報量に圧倒される展示

それにしても、全体的に情報量の多さに圧倒されます。どのコーナーにも、これでもかとばかりに数々の数値、細かな経緯、関係者それぞれの主張、写真や映像が並びます。それでいて、クリントン自身の言葉や主張をあまり出していないのも特徴です。一方的な見方に偏らないよう配慮し、事実に基づいた解説に徹しようとする姿勢が伝わりますが、事象の羅列を読んでいくのは、正直なところ、ちょっとしんどく感じます。

中央の巨大パネルは八枚あります。こちらはクリントン政権の一九九三年から二〇〇〇年までを、年ごとに解説するものです。八枚とも世界、国内、経済の三段構成で、その年の主な出来事、政策、写真が並び、ニュース映像を流すスクリーンもあって、こちらもかなりの情報量です。

面白かったのは、いずれの年にも、各月ごと、合計一二冊のバインダーが並んでいて、取り出すと、大統領の毎日の日程表が綴じてあるのです。大統領でいた八年間、クリントンが毎日、何をしていたかの全記録です。

政権にいる間じゅう「何か隠しているだろう」と常にアラ探しをされ続けた元大統領が、何だか開き直って、全部洗いざらい出すから、好きなだけ調べてくれていいよ、と言っているような気がしてきました。クリントンの主張をあまり出さない展示も、弁明にはもう疲れた、事実だけを見てくれという彼のメッセージなのかもしれません。

年ごとのパネルとバインダー
(2023年3月撮影)

気づけばここには、大統領図書館には珍しく、彼の銅像もなければ、選挙キャンペーンの再現もなく、極力「神格化」を排しているのが分かります。

二階の最後の展示は、リトルロック・ナインに捧げるものです。一九五七年九月二五日、アイゼンハワー政権下で、それまで白人のみだった公立高校に通うことになった九人のアフリカ系アメリカ人たちの話です。当時一一歳だったクリントンは、この出来事に深く感動し、大統領になってから、この九人をホワイトハウスに招待し、議会名誉黄金勲章を授与しています。

三階への階段を上ると、中央部分が吹き抜けになっているために、下の様子を覗くことができます。情報量に圧倒されても、あまり息が詰まらずにいられるのは、この開放感のおかげでしょう。

三階の片側の通路には、ホワイトハウスでの暮らしを紹介する写真類と国内外から贈られたギフト類が展示されています。クリントンの愛用した五本のサックスや、数多くの音楽家たちとの交流、パーティ好きだった彼の仮装した写真なども並んでいます。

もう一方の通路では、クリントンとヒラリーの人生を辿ります。クリントンの展示台には、四歳になるまで彼を育てた祖父母についての紹介、少年時代に描いた絵、アーカンソーの法科大学院で教鞭をとっている頃の写真などがあります。

ヒラリーのほうはもう少しにぎやかで、幼少時の小さな靴や人形、家族の紹介、学生時代の写真などが並びます。名門女子大ウェルズリー大学の卒業生総代として彼女が行なったスピーチは大きな反響を呼び、地元のラジオ局で取り上げられた後、雑誌『ライフ』にも紹介されました。そして二人がイェール大で出会った頃のスナップ写真、結婚、子供の誕生写真などが続きます。

両側の通路が再び出会う向こう側には、オーバルオフィスがあります。クリントンはこれを実物と寸分たがわずに作ることにこだわり、建設中にここを訪れたときには、天井が低いと指摘して、測ってみたらまさに実際より三〇センチ低かったため、これを作り直させたそうです。楕円形の部屋には、四つの扉があり、なかでは大統領の机に座っての写真撮影サービスが行なわれていました。

二〇一九年、リトルロックには六四〇万人が訪れ、町に二〇億ドルの収入をもたらしました。うち七万人がクリントン図書館のミュージアムを訪れています。

13　ジョージ・W・ブッシュ　大統領自身がプロモートする歴史

【来歴】

父を追いながらも事業で失敗

ジョージ・ウォーカー・ブッシュは、一九四六年七月六日、父ジョージと母バーバラの第一子としてコネチカット州ニューヘブン（ここにあるイェール大学に父親が在学中でした）で生まれました。二歳でテキサス州に移り、四歳からは西部の町ミッドランドで育ちましたので、彼はそこを自分の故郷と呼んでいます。ジョージィ（と呼ばれました）には五人の弟妹がいました。

少年の頃から野球に親しみ、彼の野球好きは生涯にわたって続きます。

一五歳でマサチューセッツ州アンドーバーにあるフィリップス・アカデミーに進学します。父も祖父も通った東海岸の名門校でしたが、中学までテキサスで自由奔放に育ち、「テキサス英語」を話すジョージィにとっては、同校は居心地のいい場所ではなかったようです。しかしその後も一族の伝統にしたがい、一九六四年、イェール大学に進みます。

クリントンとブッシュは同い年で、東海岸の大学にいた時期も重なりますが、同時代を生きていたとは思えないほど、二人の接点は見つかりません。クリントンが早くから政治活動に参加していたのに対して、ブッシュは「キャンパスの政治家」にはげんなりしていました。クリントンが学外に興味や活動を広げていたのに対して、ブッシュは気の置けない仲間たちとやんちゃをしながらキャンパスライフを楽しんでいました。

卒業後はテキサス州の空軍州兵としてパイロットの訓練を受けますが、一九七三年に除隊すると、ここでブッシュ家の伝統から少し外れてハーバード大学ビジネススクールに進学し、二年後、二九歳のときにＭＢＡ（経営学修士号）を取得します。アメリカの歴代大統領のなかでＭＢＡを持っているのは、いまのところ彼だけです。

三一歳のとき、ブッシュは友人から同い年のローラ・ウェルチを紹介され、結婚します。彼女は地元ミッドランド生まれで、オースティンの図書館で司書として働いていました。ほどなく二人は双子の娘をもうけ、バーバラとジェンナという両親それぞれの母親の名前をもらいます。

結婚と前後して、彼はまた父親の跡を辿り始めます。七七年、テキサスで石油・ガス採掘会社を始めたのです。しかし一九八〇年代初頭の石油価格の暴落で会社を閉鎖せざるを得なくなり、思うような成功を収めることはできませんでした。

この頃、彼は毎日アルコール漬けだったことを明かしています。学生時代にも飲酒運転による逮捕歴があるのですが、結婚した後も、お酒でしばしば騒ぎを起こし、ローラ夫人から、お酒か私かどちらかを選びなさいと詰め寄られたこともあったと言います。自伝によれば、四〇歳の誕生パーティで泥酔した翌朝に、断酒を決意したと言います。背景には、福音派の伝道師ビリー・グラハムの教えがありました。ブッシュは彼との出会いによって、「自分の歩みを自信を持って進められるようになった」と書いています。

最高裁まで争って大統領に

一九八八年、父親は大統領選に出馬し、彼はその選挙キャンペーンを手伝います。その後はプロ野球チーム「テキサス・レンジャーズ」の共同経営者となります。常に記者たちに囲まれ、厳しい質問に晒されながら、彼はマスコミ対応術を身に着けていきます。

彼が政治への関心を持ち始めると、当初、両親はびっくりしたと言います。しかしノンポリを自認しながらも、育った環境にはいつも大物政治家が出入りしていましたし、まして父親がホワイトハウスに入ってからは、その政権運営も、それに対する世間の評価や批判も、ごく間近でずっと見てきたのですから、ある意味で政治家への転身は、ごく自然な選択肢でした。

一九九四年、父親がクリントンとの大統領選に敗れて二年後、彼はテキサス州知事に立候補し、当選します。四年後には次男のジェブもフロリダ州の知事選を制し、兄弟そろって知事となりました。

二〇〇〇年、ブッシュは大統領選に出馬します。共和党の予備選で指名を勝ち取ると、副大統領候補には父親の政権下で国防長官を務めたディック・チェイニーを選びます。

ブッシュは自身を「思いやりのある保守」とし、家族の伝統的価値観や教育の重要性を唱えました。ディベートは得意ではありませんでしたが、率直な語り口は親しみやすく、エリートだった父親の放蕩息子というイメージも、むしろ人間味を感じさせて有権者の共感を集めました。雑誌『ニューヨーカー』のコラムニストは、ブッシュを「単純で薄っぺらだが、大人の服を着た子供のように愛らしく憎めない」と評しています。

一方の民主党は、現職副大統領だったアル・ゴアと、コネチカット州の上院議員ジョー・リーバーマン（初めてのユダヤ人系副大統領候補です）の組み合わせでした。

一一月七日の大統領選では、フロリダ州で一七万票の無効票が出たことで、同州の選挙人二五人をどちらがとるか判定できないという事態が起こります。ゴアは、機械が読み取れなかった無効票をすべて手で集計し直すよう求めて法廷闘争に持ち込みますが、一二月一三日、連邦最高裁判所はこれを却下し、ブッシュの勝利が確定します。

大統領選挙結果が最高裁判決までもつれ、選挙後五週間も決着がつかなかったのは史上初めてのことです。また総得票数で負けた候補者が、選挙人数で勝って大統領となるのは、一一二年ぶりのことでした（この後トランプも、ヒラリー・クリントンに得票数で負けながら選挙人数で勝ち、アメリカの選挙制度が正しく民意を反映しているのかについて議論が起こります)。

テロとの戦い

物言いがついた選挙でしたから、まずは穏当な政策から手をつけるだろうという大方の予想に反して、ブッシュは就任当初から学校でのテスト評価と教師の責任を強化する「落ちこぼれ防止法」、温室効果ガスの排出削減を定めた京都議定書からの離脱など、保守派の政策を積極的に推進し、物議を醸していきます。

しかし二〇〇一年九月一一日、その後のブッシュ政権を決定づける大事件が起こります。同時多発テロです。救助に入った多くの消防隊員も含め、三〇〇〇人が命を落としました。首都ワシントンの国防省も攻撃を受け、こんなことはアメリカにとって、前代未聞のことでした。

皮肉なことにこの事件が、ついこの間まで分裂していたアメリカを結束させます。事件の三日後に、ニューヨークの世界貿易センタービル跡地に立ったブッシュは、「私にはあなた方の声が聞こえる(**I can hear you**)。このビルを倒した者たちも、まもなく我々皆の声を聞くことになるだろう」と力強く語ります。国のリーダーとしての威厳さえ感じさせて、ショック状態にあるアメリカ人の心をつかみました。

国民も議会も瞬く間にブッシュ支持を表明します。テロの首謀者ウサマ・ビンラディンをかくまっていると見られたアフガニスタンのタリバン政権を打倒すべく、同年一〇月、アフガニスタン攻撃が始まります。翌〇二年一月には、イラン、イラク、北朝鮮を「悪の枢軸」として非難し、〇三年三月には、イラクの独裁者サダム・フセインが大量破壊兵器を持ち、それらがテロリストの手に渡る可能性があるとして、イラク戦争に突入します。

こうしてアメリカはまた、外国に軍隊を送ることになります。しかしその単独主義的なやり方は批判も招きます。テロ事件直後は九一％の支持率を得たブッシュですが、イラク戦争を始めたあたりから、支持率に陰りが見えてきます。捕虜に対する非人道的な扱いなども明るみに出て、国際社会からも非難されました。

二〇〇四年の大統領選では、イラク戦争が大きな争点となりました。民主党の大統領候補ジョン・ケリー上院議員はブッシュの無謀な戦争を指弾します。しかし彼も当初は戦争を支持していたことが明らかになり、ブッシュ陣営から「状況によって立場を変える風見鶏」と論破されて、結果はブッシュが得票、選挙人数ともにケリーを上回り、再選を果たしました。

兵士たちの肖像画を出版

ブッシュの二期目は（多くの大統領の二期目と同じく）、厳しい政権運営を課されます。

イラクのフセイン政権を倒すことには成功しましたが、大量破壊兵器の証拠は見つからず、その後も長期におよぶイラクの混乱を招きました。

二〇〇五年八月に南部を襲ったハリケーン・カトリーナでは対応が遅れ、多くの死者やその後の略奪、混乱などを収められず、支持率はさらに低下します。

二〇〇八年九月にはリーマン・ブラザーズ銀行が破綻します。これを機に米国は深刻な不況に突入します。

〇八年は大統領選の年でした。ブッシュは長年のライバルであった共和党のジョン・マケイン上院議員を自身の後任として支援しましたが、彼はイリノイ州選出のバラク・オバマ上院議員に敗れ、政権交代となりました。

退任後、夫妻はテキサス州の牧場で過ごしますが、ブッシュはここで油絵を描き始めます。ウィンストン・チャーチルが絵を描いていたことに刺激を受けたと言い、二〇一七年には『Portraits of Courage（勇者の肖像）』と題された画集も出版します。

描かれているのは、アフガニスタンやイラクで傷を負い、苦しみ、そこから這い上がった誇り高き兵士たちの肖像画です。本の売上は「ジョージ・W・ブッシュ大統領センター」による退役軍人とその家族を支援する活動に向けられています。

【大統領文書と図書館建設】

後退する情報開示と増加するコスト負担

ブッシュ政権時代には、その後の大統領図書館制度に大きな影響を及ぼすいくつかの重要な決定がなされています。ひとつは文書開示方針の変更です。

大統領記録法は、国家秘密など六つのカテゴリーに該当する文書について、大統領退任後一二年を上限として非公開にすることができると定めています。二〇〇一年は、一九八九年のレーガン退任からちょうど一二年が経ち、レーガン政権時代の秘密指定文書の多くが公開される予定でした。しかしブッシュはこのうち六万八〇〇〇ページ分の開示を差し止めます。

またブッシュは、開示プロセスにおける大統領の権限も強化します。レーガンによる最後の大統領令では、大統領記録の開示に異議を申し立てるための「考慮期間」を現職・元職ともに三〇日としていましたが、ブッシュは二〇〇一年の大統領令で、これを元職大統領の場合は九〇日、現職は無制限に延長します。つまり現職が「考慮」している間は、文書はずっと開示されないままとなります。また元大統領だけでなく、その遺族や代理人も異議を申し立てられることとし、同じ権利を元副大統領にも与えました。

この大統領令は情報公開を求める団体や学会の強い反発を招き、議会でもこれを無効にするための法案が何度か提出されましたが、通過しなかったり、通ってもブッシュに拒否権を発動されたりが繰り返されます（その後、オバマ政権下の大統領記録法改正で、現職・元職ともに考慮期間は六〇日とされて現在に至っています。また異議を申し立てられるのは大統領本人のみとなり、遺族やその代理人は除外されることになりました）。

二〇〇三年三月には新たな大統領令で「歴史記録秘密再指定計画」と名づけられたプログラム

が発動されました。クリントン政権下では、バックログ（未処理文書）の解消および国民の記録アクセス権の保証のために、発行後二五年以上経った文書は原則的に開示するという大統領令が一九九五年に出ていたのですが、そこで開示された資料のうち五万五〇〇〇ページ以上が再び非公開に戻されました。

ＮＰＯ「アメリカ国家安全保障アーカイブ」は激しく抗議し、このなかにはすでに五〇年も昔の資料さえ含まれていること、非開示にする正当な理由が説明されていないことなどを訴えましたが、折から始まったイラク戦争のためもあって、反対の声は広がらず、この計画はその後も継続されていきました。

大統領財団のコスト負担

もうひとつの大きな変更が、大統領図書館のコスト負担です。

デジタル時代に入って作成される文書量が飛躍的に増大し、特にＥメールは、すべての記録を一律に並べ、重要文献とそうでないものを混在させるため、これまでの整理作業とは比較にならないほど、作業効率を落とします。加えて情報自由法（ＦＯＩＡ）をに基づいて行なわれる情報開示請求の件数も増える一方で、二〇〇一年には返答を得るまで平均一八か月かかるとされていたものが、二〇〇七年には五年以上待たされるようになります。

しかし国立公文書記録管理局（ＮＡＲＡ）の予算は増えず、代わりに議会が求めたのは、大統領財団からの寄付を増やすことでした。レーガン政権下の一九八六年に改正された大統領図書館法で、大統領財団は建築にかけた総費用の二割を、その後の管理運営費としてNARAに追加納付することが義務づけられましたが、二〇〇三年、議会はこの比率を四割に高めます。

そして〇八年には、比率はさらに六割に引き上げられます。この時は、「建国の父」と呼ばれる初期の大統領たちの歴史的記録の収集保存を強化しようという「大統領歴史記録保存法」が提案され、ジョージ・ワシントン、トーマス・ジェファーソン、ベンジャミン・フランクリンといったアメリカ建国期の政治家たちの記録を電子化し、オンライン・アクセスを促進しようというのがそもそもの立法意図でした。

ところが例によって財源が問題にされ、上院の修正案が議会を通ったときには、大統領図書館の「寄贈」と同時に財団がNARAに納めるべき追加資金が、建設費の六割へと修正されていたのです（ただし適用されるのは、次の大統領からでした）。

二〇〇八年はちょうど、クリントン財団の活動が最高潮に達していたときでした。大統領財団がそんなに資金を持っているなら、もっと経費を負担しろということだったのかもしれません。

しかし条文を見た歴史家のなかには、これを呑む大統領が今後現れるのか、いぶかしがる声もありました。ブッシュは二億五〇〇〇万ドルの図書館建設を計画していましたが、仮に次の大統領が同規模の図書館を建設した場合、追加負担は一億五〇〇〇万ドルにもなるのです。

のちのオバマの図書館建設中止の決定に、これが影響を及ぼしたと見る人は少なくありません。

ブッシュ・センターの創設

ブッシュは退任する前に、自分の図書館をテキサス州のどこかの大学に建てたいと思っていました。そしてここでも父親の例にならい、大学に図書館と連動した研究機関を併設することを希望していました。テキサス州内にあるベイラー大学、ダラス大学、テキサス工科大学など様々な名前があがるなかで、最終的に選ばれたのは南部の中心都市ダラスにある南メソジスト大学です。ここは妻ローラの出身大学でした。

二〇一三年四月二五日、一万人の観衆の前で図書館の開館式が行なわれました。式典には、パパ・ブッシュに加え、ジミー・カーター、ビル・クリントン、バラク・オバマ（現職）がいずれも夫人を伴って参列し、歴代五組の大統領夫妻が壇上に並びました。パパ・ブッシュは「大統領職を経験した者は皆が親しい友となる」と語っているのですが、会場でにこやかに談笑する現・元大統領たちの姿は、かつての政敵とは思えないほどなごやかです。

オバマはこの式典で、九・一一のテロ攻撃を受けたときのブッシュ大統領の驚くべき強さと態度を称えました。一方、クリントンは大統領図書館を、「歴史を塗り替えようとする元大統領による最後のあがき」と彼一流の皮肉で揶揄し、聴衆を笑わせました。

ブッシュが画集を出版した二〇一七年には、ここで個展も開かれました。

また二〇一八年には、歴代大統領のファーストレディにフォーカスを当てた特別展示を行ない、ロザリン・カーター、バーバラ・ブッシュ、ヒラリー・クリントン、ローラ・ブッシュ、ミシェル・オバマの五人を集めて、ファーストレディの役割についてのサミットを開催しています。

【ミュージアム訪問】

慎ましやかな外観

ダラスは人口一三〇万人。アメリカの全主要都市に四時間以内にアクセスが可能なことから、ハブ（物流拠点）として着実な成長を続け、現在、ニューヨーク、ロサンゼルス、シカゴに次ぐ全米第四の都市となっています。コロナ禍でも、上位三都市がいずれも人口を減らしたのに対して、ダラスだけは税金や生活費の安さから流入増となり、日本を含めた多くの企業が支店を置き、海外からの移住者も増えています。

ブッシュの個展開催のときの映像
（2023年1月撮影）

巨大な高層ビルに囲まれながらも昔の名残を残す町の中心部には、ジョン・F・ケネディへの銃弾が放たれた教科書会社ビルが昔の姿のまま保存され、オズワルドが潜んでいたフロアはそのまま「六階ミュージアム」として運営されています。これはこれで非常に興味深いミュージアムなのですが、今日の目的地はそこではありません。

北へ向かう路面電車に乗るとほどなくして列車は地下に潜り、それから二〇分ほどで再び地上に出ると、そこがモッキンバード駅。そこからは南メソジスト大学のキャンパスまで、歩いて一〇分ほどです。キャンパス内に入り、高速道路の喧騒が遠ざかって周囲に緑陰が広がり始めた頃、そこに図書館、研究所、財団事務所を兼ね備えたジョージ・W・ブッシュ大統領センターが立ち現われます。

八本の星条旗をはためかせていた父親の図書館とは違って、入口付近は意外とシンプルなデザインです。手前の噴水も小さめで、広いエントランスホールに入っても、大統領の銅像や巨大な写真が出迎えるわけでもありません。壁には各国から贈られた剣や置物が静かに飾られ、意外なほど謙虚な出迎えに驚きます。

ブッシュ大統領ミュージアム入口(2023年1月撮影)

展示の始まりは、ごく簡単な生い立ちの紹介です。テキサスの風土と、家族の愛と、信仰と、公共心がブッシュを育てたとされます。実は悪戯好きだった若い頃の愉快なエピソードを期待していたのですが、そうはいきませんでした。

テロとの戦いを再現

次はシアターに入り、五分のビデオを見ます。ブッシュがローラ夫人と一緒に登場し、自分たちが貫いたのは自由、責任、機会、情熱という四つの信条だったと語ります。いくらか自画自賛が過ぎて、なんだか選挙演説でも聞いているような気分です。慎ましやかだったのは入口までだったのかしらと思ったりします。

シアターを出ると、すぐに政策の展示に入ります。「落ちこぼれ防止法」をテーマにした教育改革、ローラ夫人による読書振興活動などに加えて、ブッシュの野球コレクションなどが披露されたあと、いよいよ九・一一同時多発テロのギャラリーに入ります。

同時多発テロで歪んだ鉄骨（2023年1月撮影）

「この日、我々は「悪」を見た」というブッシュの言葉とともに、熱によってねじ曲がった世界貿易センタービルの鉄骨が高さ七メートルの部屋の中央に置かれて、強烈なインパクトを与えます。周囲に置かれた複数のモニターでは、その日の朝八時からの映像が時刻表示とともに刻々と流れ、壁には、当日命を落とした三〇〇〇人の名前が刻まれています。

ちょうどフロリダ州の小学校を訪問していたブッシュが事件を耳打ちされたときの写真、事件の三日後に彼がグラウンドゼロの現場で使った拡声器、歴史的スピーチの下書き、国内外から届いた手紙など、どのアメリカ人にとっても忘れられない「あの日」が、数々の報道、物品、映像で再現されています。日本の子供たちの寄せ書きや当時の小泉純一郎首相が贈ったやぶさめの矢も展示されています。

次の展示室に入ると、今度は壁一面に大きな世界地図が貼られ、アフガニスタン、イラクなど、世界の「テロとの戦い」が描かれます。「敵は全世界を戦場と見なし、潜伏している。我々は彼らがどこにいようと見つけ出さなければならない」という勇ましいメッセージが掲げられ、ブッシュの議会演説も流れています。

二〇〇一年に成立した「米国愛国者法」の解説、ウサマ・ビンラディンを筆頭にした世界のテロリストたちの顔写真一覧、サダム・フセインがつかまったときに所持していた銃などの展示が続きます。部屋の中央には、全体がインタラクティブな画面になっている机があり、触れると戦地の地図が現れて、各地における戦闘の様子が映し出されます。どの映像も生々しく、まるで昨日のことのように、ニュースを見ていた当時の自分の記憶も蘇ります。

役者が演じる「決断のとき」

次にオーバルオフィスに入ると、一転して明るい陽光が差し込んで、窓の向こうには広い庭（テキサス・ローズ・ガーデンと名づけられています）が望めます。ボランティア・スタッフが見学者たちを招き入れて、中央に置かれた大きなふかふかのソファに座らせ、ブッシュの一日を紹介します。机上の電話には五〇ものボタンが並び、それぞれ閣僚の名前が貼られています。大統領デスクに座れば、記念撮影もしてくれます。

隣のギャラリーに進むと、そこではブッシュとその家族のホワイトハウスでの暮らしが紹介されています。二匹の愛犬と一緒にホワイトハウスのなかを歩き回る子供向けインタラクティブ画面のほかに、双子の娘バーバラとジェンナが案内役になったビデオも流れています。ブッシュの軽口やとぼけた仕草、茶目っ気たっぷりの歌声など、過去の面白映像が流され、見学者たちの笑いを誘います。人懐っこい笑顔は、先ほどの戦闘服に身を包んだブッシュとは別人のようです。

彼の自伝『Decision Points（邦訳：決断のとき）』と同じ名前が付けられたインタラクティブ・シアターもあります。一〇台ほどのターミナルが並ぶ部屋に入ると、ブッシュ政権で首席補佐官を務めたアンドリュー・カードがスクリーンに登場し、ハリケーン・カトリーナが起きたあと、地元が非常な混乱状況にあることを告げます。「大統領は限られた時間内に、関係者の話を聞き、決断しなければなりません。前にある端末を使って、あなたも三分以内に決断を下してください」

「決断のとき」のシアター
（2023年1月撮影）

手元の画面には、「ホワイトハウス」「警察」「ペンタゴン」「州政府」といった文字が並んでいて、それをひとつずつ押していくと、それぞれの恰好をした役者が出てきて各々の主張を展開します。彼らの言い分をひとしきり聞いた後、「①地元に任せる」「②警察権限のない軍隊を派遣する」「③鎮圧法（Insurrection Act）を発動する」の三つの選択肢から選ぶよう促されます。

「時間です！」の声が流れると、ゲーム参加者間で最も多かった回答が表示され（私が参加したときはなんと③でした）、「正解」を告げるために登場したのは、またもやブッシュ本人です。「私が選んだのは②です、なぜなら……」と説明が始まりますが、ここまでくると、歴史記録を読んでいるというより自作自演のプロモーション・ビデオを見せられているようで、ちょっと鼻白んでしまいます。

その次は、「希望に満ちた世界を樹立する」と題した展示で、国際開発援助や疾患の撲滅のためにブッシュ夫妻がしてきたことが説明され、最後のビデオでは、再びブッシュがローラ夫人とともに登場し、これからも自由と平和のために尽くしていくことを語ります。

笑いを通して自由を感じる

一般に大統領図書館は、大統領の死後三〇年以上経たないと、バランスのとれた展示にはならないとは聞いていたのですが、いくらなんでもこれでは、ちょっと本人が出すぎじゃないかしらとか、せめてもう少し正直な心情の吐露でもあればよかったのに、などと思いながらエントランスに戻ります。ホールの反対側は企画展のスペースです。

私が行ったときは、ちょうど「自由と笑い」をテーマにした企画展が終わったところだったのですが、これが抜群に面白い展示だったようで、非常に惜しいことをしました。

ホームページや、見学してきた人々がＳＮＳ上にあげた情報によれば、歴代大統領を描いた数々の政治漫画、デフォルメされた首振り人形たち、付けられたあだ名などが展示されていたそうで、ちょっと写真を見るだけでも楽しくなります。

ブッシュ・ジュニアはパパ・ブッシュと区別するために様々に呼ばれましたが、なかでもミドルネームの「W」をテキサスなまりで発音したときの「ダビヤ（Dubya）」が、本人お気に入りの愛称でした（オリバー・ストーンがブッシュを描いた映画「W.（邦題：ブッシュ）」（二〇〇八年）はここから採られています）。

しかし歴代大統領たちのなかには、かなり酷い呼び名もあったようで、ユリシーズ・グラントを「ユースレス（役立たず）グラント」、エイブラハム・リンカーンを「イグノレイムス（脳無し）エイブ」など、大統領たちが昔から、さんざんな言われようをしてきたことが分かります。

大統領のモノマネをしたコメディアンたちの映像もあったようです。チェビー・チェイスによるフォード、ダナ・カーヴィによるパパ・ブッシュ、ウィル・ファレルによるブッシュ・ジュニアの物真似などは、多くがユーチューブに上がっています。何を言っているのかはよく聞き取れなくても、その顔つきやしぐさがよく特徴を捉えていて、思わず笑ってしまいます。

ブッシュは図書館開館式のスピーチで、この国の人々が、反対意見も含めて自由に発言できることこそアメリカの素晴らしさであり、自分はその自由を守ってきたことにかけては誇りを持っている、と語っているのですが、アメリカ社会にとって「笑い」が重要な役割を果たしていること、それが自由と民主主義がこの国で生きていることの証とされてきたことが伝わる展示でした。

閑話休題。最後にもうひとつ、ブッシュ・センターのレストランについてひとこと。

大統領図書館には、カフェを併設している場合とない場合があって、あったとしても、出来合いのサンドイッチと飲み物をセルフで購入、といった程度のものが多いのですが、ここには専任のシェフがいるフルサービスのレストランがありました。ミュージアムとは別の入口で、ブッシュが第四三代大統領であることから、「カフェ43」というしゃれた名前が付けられています。ここで食べたアボガド・ビーフステーキの美味しかったこと！　ウェイターの「食後のデザートはいかがですか？」というお誘いは、あと一〇歳若かったら絶対断らなかったでしょうが、涙を呑みました。

私はこの旅を通じて、密かに全大統領図書館のショップ・ランキングとカフェ・ランキングを付けていましたが、ここのレストランは間違いなくカフェ部門の一位に推したいと思います（ちなみにショップ部門の一位候補はアイゼンハワーです、ご参考までに）。

二〇一九年、ジョージ・W・ブッシュのミュージアムには、一七万人が訪れました。

おわりに――オバマ政権以降の議論

オバマ財団の決定

さて、大統領図書館のミュージアム訪問記は以上で終わりです。しかし最後に、大統領図書館制度のその後を書いておかなくてはなりません。

第四四代大統領バラク・オバマは退任後の二〇一七年五月、衝撃の発表を行ないます。オバマ大統領センター（OPC）には、国立公文書館（NARA）が管理する図書館はないというのです。オバマ財団はすでにシカゴのサウスサイドをOPCの建設予定地として選び、建築会社も決まっていましたから、誰しもがここは一四番目の大統領図書館になるものと思っていました。しかし発表された内容によると、オバマ政権のアーカイブはNARAが管理し、WEBサイト「オバマ大統領図書館」を通じてデジタル・ライブラリとして運営されるのみとなります。

一方OPCには、ミュージアムやスポーツ施設、シカゴ公共図書館の分館、コミュニティ・ガーデンなどが置かれますが、こちらはオバマ財団によって管理されます。

これまでの大統領図書館では、NARAの職員である館長がアーカイブとミュージアムの両方を管轄し、財団の力が強いとされるミュージアムにおいても、NARAのスタッフが（少ないとはいえ）配置され、展示計画にはNARAの承諾が必要とされてきました。

しかしOPCの場合は、アーカイブとミュージアムが完全に切り離されることになり、ミュージアムにはNARAから「借り出された」物品は展示されますが、その運営にNARAは関与せず、館長やスタッフもオバマ財団が選びます。

決定の背景

事態を理解するために、ここに至る経緯を少し整理しておきましょう。

二〇〇八年、第四三代ブッシュ政権下で「大統領歴史記録保存法」を成立させたとき、議会は大統領図書館が膨大なバックログ（未処理文書）、開示請求への回答の遅れ、財源不足といった深刻な課題を抱えている事実をよく認識していました。そのためこの法律はNARAに対し、今後の大統領図書館の運営を持続可能なものにするための提案をまとめるよう義務づける条項を含んでいました。

NARAはこれを受け、オバマ政権となった二〇〇九年九月に五つのモデルのシミュレーションを提出します。アーカイブとミュージアムを切り離して前者を首都ワシントン近郊の一か所で集中管理する案、後者を大統領の財団に任せる案などがありましたが、どの案をとっても連邦の財政負担は減らず、課題とされたバックログの解消も、大統領文書へのアクセス・スピードの改善も約束できないという、議会の期待とはほど遠い結論でした。

二〇一一年には、大統領図書館の将来像を検討する下院のヒヤリングも開催されています。当時のNARA長官デービッド・フェリエロ、ルーズベルト協会代表アンナ・エレノア・ルーズベルト（大統領の孫です）、ケネディ図書館館長トーマス・パットナム、レーガン図書館館長デュー・ク・ブラックウッド、政治学者マーサ・クマーなどが一同に会し、大統領図書館の意義、財政問題、財団との関係などについて証言しています。

大統領図書館が公文書館でありながら、研究所やミュージアム、教育センターなども併せ持つ複合施設として機能していること、地域に教育的文化的効果をもたらすだけでなく、経済的にも貢献していることなどが強調された一方で、予算が厳しいこと、電子化の時代にあっても内容を精査するアーキビストたちは必須であることなども指摘されています。

しかし議員の側からは、これ以上の税金投入は難しく、民間からもっと資金を調達する道を探すべきではないかとの発言もあり、彼らの関心があくまで、連邦予算の増加なしに課題を解決する道を探すことにあるのを感じさせます。

バックログの深刻度

それにしても、大統領記録のバックログの天文学的数字には、誰もが驚きを口にします。

大統領名	在任期間	印刷文書 Cubic feet	電子記録 TB	Eメール Mil
ブッシュ（41代）	1989-92（4年）	23,371	0.20	–
クリントン	1993-2000（8年）	33,196	4	20
ブッシュ（43代）	2001-08（8年）	26,758	80	200
オバマ	2009-16（8年）	15,022	250	300
トランプ	2017-20（4年）	5,324	250	–

表3　大統領記録の媒体別分量

出典：Lauren Harperの資料などを参考にして著者作成

二〇二三年の報告書によれば、ブッシュ・ジュニアの図書館が抱えている未処理文書は一億六一〇〇万ページに及びますが、現在の処理スピードは年間五〇万ページですから、単純計算で、全部整理し終えるのに三〇〇年以上かかることになります。

情報自由法（ＦＯＩＡ）による情報開示請求に対しても、ほとんど未整理状態の記録群から該当文書を探し出している状態であり、非常に効率が悪く膨大な日数がかかっています。

ジョージ・ワシントン大学のトーマス・ブラントン教授は、ブッシュ・ジュニアの図書館に情報リクエストを出したところ、「あなたの前に出された三七〇件の申請を片づけるのに一二年かかる見込みなので、それまで待つように」という返事が返ってきた、と言って怒っています。多くのジャーナリストが調査を諦め、大学院生が論文テーマの変更を余儀なくされ、作家による評伝の数も減ってきており、いまや、記録整理が追いつかないことが、大統領文書アクセスへの最大のネックになっていると言っても過言ではありません。

どうしてこんな事態になってしまったのか、原因はいくつか指摘されています。

第一には、対象文書の量の多さと質の違いです。たとえば各省庁の場合、「永久保存」としてNARAに送る記録はその全作成文書の一―三%程度と言われます。しかしレーガン以降、大統領記録はそのほぼすべてがNARAの管理下に入ります。しかも、省庁の場合は厳しい文書管理規則が日常的に動いており、NARAに届くのはすでに整理が終わった文書なのですが、大統領文書の場合は、退任後にNARAが文書を受け取ってから整理が始まります。

それに拍車をかけたのがボーン・デジタルと言われる電子的に作成される記録の急増です。

表3はパパ・ブッシュ以降の各大統領の文書量を示していますが、記録媒体が印刷物から電子媒体に急速に移行していることが分かります。特に増加が激しいのがEメールで、ブッシュ・ジュニアが退任したとき、NARAは彼が作成したEメールのすべてを印刷すると、それまでの大統領図書館が保存している全文書の何倍にもなる、と訴えていました。それがオバマ時代にはさらに倍加したうえに、ソーシャルメディア上での発信も加わりました。こうした電子記録は現在、自動記録管理システムによって保存されていますが、フェイスブック、ツイッターなど、管理メディアやプラットフォームの増加に伴い、その複雑さが加速しています。

「特別リクエスト」と遅延

よく誤解されるのですが、文書が電子化されているからと言って、それがすぐに活用できるわけではありません。二〇〇〇年代初頭の話ですが、米国政府のたばこ・喫煙方針に関連するすべての連邦記録をEメールも含めて提出せよというリクエストを受けたNARAが、クリントン大統領のEメール全体にキーワード検索をかけたところ、二〇万件がヒットしたため、NARA職員がそのひとつひとつの内容を精査し、約半分の無関係文書を省かなければならなかった、というエピソードがあります。この状態が二〇年後のいま、どの程度改善しているのか（あるいは悪化しているのか）分かりませんが、必要な情報を効率よく見つけるためには、電子タグの付与など最低限の整理がどうしても必要で、それはいまだに多くを人手に頼っているのが現状です。

また現職大統領や議会などによる「特別リクエスト」が増えているという指摘もあります。

NARAはこの件数を開示していないのですが、大統領とそのスタッフ、議会の各種委員会の委員長および裁判所は、その業務に必要な場合に、大統領記録に対して、五年の整理期間の終了を待たずに「特別リクエスト」を出すことが認められています。これは大統領記録が、まさに現在のアメリカ政治に活用されていることの証左でもあるのですが、「特別リクエスト」は、前政権のアラ探しや党派対立に利用されるリスクもあり、開示には慎重な手続きが必要となります。開示をめぐって裁判が起こされることもままあり、NARA職員の時間が大きく割かれているというのです。

一般利用者からの情報開示請求も増加の一途を辿っています。クリントンが退任して五年経った二〇〇六年にクリントン図書館が受けた開示請求は合計三三六件でしたが、ブッシュ・ジュニアが退任して五年後の二〇一四年には、最初の一週間ですでに二〇〇件を超える請求が届き、これはレーガン図書館が二五年間に受け取った件数を上回ります。

そのほか、歴代大統領による秘密解除プロセスの二転三転が現場の混乱を招いたこと、大統領によって「秘密」の定義が一律ではなく、職員は文書の内容だけでなく、それがどの政権下かを加味して開示判断をしなければならないことなども、作業の遅延原因として挙げられています。

オバマは二〇〇九年一二月、国家機密解除センター（NDC）を立ち上げ、発行後二五年以上経過している四億ページ以上の機密文書を二〇一三年までに開示するという目標を掲げましたが、NARAは二〇一四年、現状がこの目標達成にほど遠いことを報告し、二〇二三年の報告書に至っても、いまだNDCの未査定文書は四億ページのままです。NARAは今後、AI（人工知能）ツールを活用するなどしてスピードアップを図るとしていますが、その具体的スケジュールを示すには至っていません。

デジタル・ライブラリの構築

こうした状況のなか、オバマ財団の決定を後押ししたと思われる意見もあります。

二〇一五年に大統領図書館制度についての著作を出版したアンソニー・クラークは、本来、国の役割は大統領の記録保存と、国民のアクセス権保障にあり、税金の投入はそこに集中すべきだと主張しています。すべての記録を電子化してデータベース化し、誰でもが自宅から検索できる

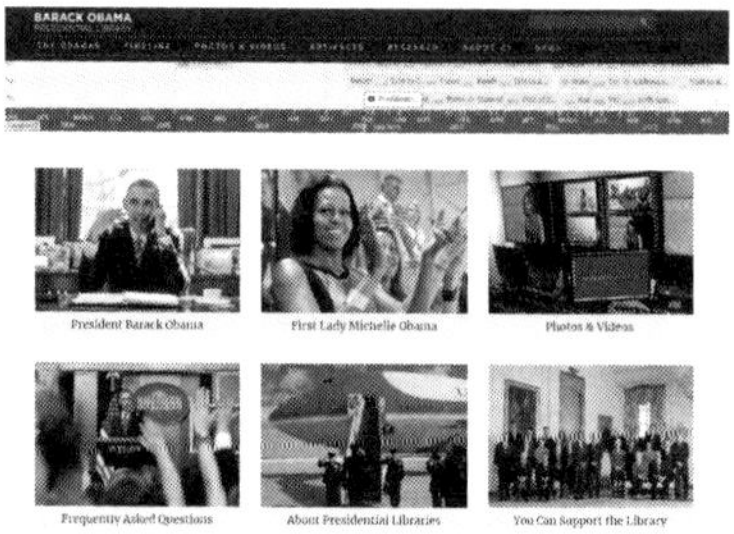

オバマ大統領図書館のWEBサイト

状態を作ることが最優先課題であって、記録の整理がある程度終了するまで、新しい図書館の建設はおろか既存施設の増改築も止めるべきだと書いています。もし大統領財団が元大統領の「神殿」を建築したいなら、それは彼らの自由であって、そもそも大統領ミュージアムは、自分を神格化したい元大統領たちのエゴに過ぎず、そこに連邦政府が関与すべきではない、という立場です。

　実際、大統領ごとに新たな図書館を建てていくのは、財政面からも運営面からも非効率的で持続可能ではない、という意見は少なくありません。時代はデジタルになっているのですから、各地の施設がそれぞれ文書を保存する必然性は薄れ、巨大なデジタル・ライブラリの構築ができれば、研究者が各地を回りながら調査をする労も必要なくなります。それは、アメリカ大統領の記録を見たいと願う世界中の人々にとっても朗報となることでしょう。

　ＮＡＲＡはすでにＷＥＢサイト「オバマ大統領図書館」「トランプ大統領図書館」を、各大統領の退任一年後には立ち上げていて、在任中のプレスリリース、写真、ビデオ、ソーシャルメディア上のコメントなど（そもそも公開を前提にして作成された資料群ですが）のアーカイブを開示しています。オバマ財団は今後も、非秘密印刷文書のデジタル化に資金を提供し、大統領のデジタル・ライブラリ構築に協力するとしていて、時代は着実に、そちらの方向に進んでいると言えます。

オバマ決定の影響

オバマの決断は「新モデル」と呼ばれ、これは既存の図書館にも影響を与えました。

ブッシュ・ジュニアの財団「ジョージ・W・ブッシュ大統領センター」は二〇二二年一一月、ミュージアムの運営権を、NARAから譲り受けたと発表します（これは私が訪問する前のことだったのですが、私が知ったのは帰国後です）。アーカイブは引き続きNARAがダラスの地で管理しますが、ミュージアムの運営に関してはNARAは手を引き、今後は財団が行なうと言うのです。

ミュージアムの運営権が財団に移ってしまうと、大統領の一方的な主張に偏った展示やプログラムが組まれ、大統領の業績を「美化」することにつながるのではないか、という記者からの質問に対し、ブッシュ・センターのケネス・ハーシュCEOは、米国には私的財団などによって運営されている大統領の記念館が約二〇〇館あり、ブッシュ・ミュージアムもその仲間入りをするだけだと説明しています。

この「新モデル」は、第四五代大統領ドナルド・トランプにも踏襲されるだろうというのが大方の見方です。トランプはホワイトハウスから無断で機密文書を持ち去ったことを追及されると、これらはいずれ自分の図書館に納めるものだと言ったとされます。しかし彼の関心がアーカイブにはないことは、これまでの多くの証言が明らかにしています。彼は日常的に文書を破棄し、N

ARAのスタッフが破られた紙片を拾い集めているのを見ると、今度はそれをトイレに流し、ホワイトハウスのトイレを始終、詰まらせていたという逸話も伝えられています。

トランプの裁判の行方は分かりませんが、どちらにせよ、彼の記録の保管、整理、提供はNARAの手によって、現在すでに立ち上げられているWEBサイト「トランプ大統領図書館」を通じて電子的に行なわれていくことになるのでしょう。そしてトランプ財団が将来、彼のミュージアムをどこかに建てることがあったとしても、そこにNARAが参画するとは考えにくいのが実情です。大統領は、自分でコントロールできないアーカイブに資金を提供しようとは考えず、それと同じ理由で、自分の資金で運営するミュージアムにNARAが関与してくるのをよしとはしないだろうからです。

「新モデル」の意味

つまり、アメリカが世界に誇ってきた大統領図書館制度は、今後大きく変わることになります。大統領が退任後にゆかりの地に大統領図書館を建て、そこに公的・私的記録を集めて国家に寄贈し、それを「国民の財産」として政府機関が管理するというモデルは、どうやら終わりを迎えることになりそうです。

大統領図書館制度はかつて、「最も成功した官民パートナーシップ」ともてはやされたこともありました。それは政府の支出を抑える一方で、民間の資金、アイディア、活力を取り込むことでミュージアムに革新的なプログラムを持ち込み、訪問客を呼び込んでアーカイブを幅広い層にアピールし、ＮＡＲＡの存在感や知名度を高める効果を生んできました。

各大統領図書館の資料を使って多くの評伝が書かれ、映画が作られ、Ｃ－ＳＰＡＮと呼ばれる政治専門のケーブルテレビでは多くの大統領関連番組が制作され、それらはソーシャルメディア上で配信される各大統領図書館のイベントや大統領の横顔とともに、アメリカの現代史を繰り返し問い直すきっかけを人々に与えてきました。

しかしその扱いが、だんだん難しくなっているというのも事実なのでしょう。

私はクリントンのミュージアムで、クリントン自身の声が聞こえてこないと感じ、ブッシュ・ジュニアのミュージアムでは、もう少し本音を吐露してくれたらいいのにと書きました。でももしかしたら、いまのアメリカの政治情勢は、元大統領が本音を語ることを許さないのかもしれません。あるいは大統領の支援者や家族が、それをさせないかもしれません。

そして大統領の苦悩や葛藤が見えない展示は、ミュージアムを少しツマラナイものにしているのも事実です。

アメリカ政治学者の砂田一郎は、フランクリン・ルーズベルトによって確立したアメリカの「現代大統領制」はクリントンで終焉を迎え、その後は「ポスト現代大統領制」の時代に入ったとしています。その理由として、数々のスキャンダルや熾烈な党派対立によって大統領を支える超党派精神が失われ、国民も大統領に尊厳的なものを感じなくなったこと、また大統領の全人格を受け止めるより、その大統領が自分の利益や主張をどのくらい満足させるかで評価する傾向が強まったことを指摘しています。

思うに大統領図書館を成立させていたのは、この現代大統領制だったのかもしれません。大統領の遺産を党派を超えて受け継ぎ、その意味をアメリカ国民全体が考え続け、将来の国づくりを広く議論していこうとする基盤が崩壊し、党利党略に基づいた断罪や、絶対的無謬性に固執する趨勢にあっては、これまでのような大統領図書館はもう望めなくなったということなのかもしれません。

そして「ポスト現代大統領制」の時代においては、また新しい大統領記録の保存・提供のあり方が模索されなければならないのでしょう。連邦資金をアーカイブに集中させ、何かと物議を醸すミュージアムを政府から切り離したオバマの決断は、そのひとつの解を示したということなのでしょう。

クラスルームとしてのミュージアム

とは言いながら、やはり一抹の寂しさを感じるのも事実です。

アメリカには、私のようにリタイア後に大統領図書館のミュージアム巡りをしている人たちがたくさんいます。若くても、ＮＡＲＡの発行する「大統領図書館パスポート」を手に持ち、訪問先ごとにスタンプを押してもらうのを楽しんでいる人もいます。ここは誰もが大統領について学び、アメリカの現代史を振り返る場所なのです。

私は大統領図書館のミュージアムで、見学者たちが話し込んでいる姿をよく目にしました。展示は見学者の記憶を呼び覚まし、人々の感情を刺激して、言葉を溢れさせます。出口に向かう通路を歩きながら、館内のカフェでお茶を飲みながら、あるいはそこに座る職員を相手に、時には知らない者たち同士が、当時のことだったり、展示についてだったり、あるいは大統領について語り始めます。

それはある意味で非常にアメリカらしい光景とも言え、彼らと大統領の近さも感じさせます。公の場で政治的な議論がしづらくなったと言われながら、それでもアメリカ人は自国の歴史や政治について、語る機会を求めています。大統領に尊厳を感じなくなったと言いながら、それでも彼らは大統領について語ることが好きです。アメリカ人にとって大統領の足跡は彼らが生きてきた道のりであり、大統領を語ることは、自分たちの歴史を語ることでもあります。彼らの議論によってアメリカの正史が作られていく、そんな感想も抱きました。

展示の前で話し込む人々
(2023年8月撮影)

三〇年以上も前の話ですが、私はアメリカの大学院で、教室での議論が教科書になっていくプロセスを体験しています。教授は前年のテキストを使って学生の意見を引き出し、それらを盛り込んで教科書ができ、それがまた教室で叩かれて、さらに版が重ねられていきます。アメリカではこんなふうに教授と学生が一緒になって、その分野のテキストを作っていくのだと、新鮮な思いで学んだものです。

私には大統領のミュージアムが、あの時のクラスルームのように見えたのです。「これはどう思う」「それはおかしい」とアメリカ人たちは自分の意見に率直です。ジョンソン図書館のベトナム戦争の扱い方も、ニクソン図書館のウォーターゲート事件の展示も、こうした賛否両論、議論百出を滝のように浴びながら、時代とともに鍛え上げられてきたのでしょう。そしてこの討議を誘発し、アメリカ現代史のテキストを編んでいくプラットフォームとして、大統領ミュージアムは機能してきたのではなかったでしょうか。

フランクリン・ルーズベルトが自分の図書館を建てたいと思ったとき、そこには高い理想とともに、自分の功績をアピールしたいという、彼のエゴも確かにあったでしょう。でもそれから八〇年が経ち、ルーズベルト図書館はいま確かに、あの時代を凝縮したコレクションと展示を持ち、アメリカ国民全体の共有財産となっています。大統領が「自費出版」した自伝を、八〇年の年月をかけてアメリカの正史に仕上げてきたのが、ミュージアムという装置に他ならなかったと思えてなりません。

そう考えてみれば、アーキビスト・オブ・ザ・ユナイテッド・ステイツ（合衆国の記録管理者）は、米国の歴史編纂者としての役割も担ってきたのだとさえ思えてきます。そして今後、アーキビストがミュージアムを手放したとき、アメリカの歴史がどう形作られていくのかに、思いを馳せずにはいられません。

アメリカ自由人権協会の弁護士として活動し、その後NARAの法務顧問となったゲーリー・スターンは、大統領記録はNARAの全所蔵資料の一割以下だが、最も議論を呼び、困難を招き、研究者にとっても最も興味を喚起する記録群なのだと語っています。

そしてその高い関心があればこそ、大統領図書館はNARAの秘密解除プロセス、電子データ管理、自動分類機能といったアメリカの公文書管理制度をリードし、発達させてきたのだとも言えます。

これからも大統領記録についての論議は続いていくことでしょう。そして今後も米国の歴史は作られていきます。二一世紀の米国史がどう語られ、編まれていくのかを、大統領図書館の行方とともに、注視していきたいと思っています。

大統領記録に関する主な法制度と大統領図書館開館年

政権（在任期間）	法制度など	大統領図書館開館年
ルーズベルト 民主党（1933-45）	1934 国立公文書館法成立 1934 国立公文書室（NA）設置	1941 ルーズベルト図書館開館
トルーマン 民主党（1945-53）	1949 一般調達局（GSA）傘下で国立公文書記録サービス部（NARS）に 1950 連邦記録法成立	
アイゼンハワー 共和党（1953-61）	1955 大統領図書館法成立	1957 トルーマン図書館開館
ケネディ 民主党（1961-63）		
ジョンソン 民主党（1963-69）	1966 情報自由法（FOIA）成立	1962 アイゼンハワー図書館開館 1962 フーバー図書館開館

ニクソン 共和党 （1969−74）	（1972 ウォーターゲート事件） 1974 ニクソン−サンプソン協定	1971 ジョンソン図書館開館
フォード 共和党 （1974−77）	1974 大統領記録資料保存法成立（ニクソン全記録差押え→ニクソンは提訴へ） 1974 情報自由法（FOIA）改正 1976 サンシャイン法成立 1977 連邦最高裁、ニクソンの訴えを却下	
カーター 民主党 （1977−81）	1978 大統領記録法成立	1979 ケネディ図書館開館
レーガン 共和党 （1981−89）	1984 国立公文書記録管理法成立 1985 GSAより独立し国立公文書記録管理局（NARA）に 1986 大統領図書館法改正（大統領財団に運営費負担） 1989 大統領令：現元職大統領に公開制限権限付与	1981 フォード図書館開館 1986 カーター図書館開館
ブッシュ 41 共和党 （1989−93）	1993 ブッシュ−ウィルソン協定	1990 ニクソン私設記念館開館 1991 レーガン図書館開館

クリントン 民主党 （1993-2001）	1993 電子メール保存開始 1995 大統領令：25年以上経った文書開示へ 1995 連邦最高裁、ブッシュの協定を無効化 1996 電子記録保持のため、大統領府に自動記録管理システム導入 1997 国家安全保障会議記録も大統領記録へ 1999 大統領令：公開文書の非公開化可能に	1997 ブッシュ（41）図書館開館
ブッシュ 43 共和党 （2001-09）	2001 大統領令：現元職大統領権限強化 2003 大統領図書館法改正（財団負担増加） 2003 大統領令：秘密再指定を強化 2008 大統領歴史記録保存法成立（大統領財団の負担6割へ）	2004 クリントン図書館開館 2007 ニクソン図書館NARA管理下へ
オバマ 民主党 （2009-17）	2009 NARA大統領図書館制度の改革案提出 2009 国家機密解除センター（NDC）設立 2014 大統領令および連邦記録法改正（SNS上の発言も保存対象に追加、大統領の非開示権限を制限）	2013 ブッシュ（43）図書館開館

謝辞

この本を完成させるまでには、非常に多くの方々のご支援、ご協力を得ました。

まずはＩＷＡツアーの高橋華奈子さん。アメリカの大統領図書館を見て回りたい、と最初に相談したとき、「一回に四―五館ずつ、三回の渡米で制覇できないか」という私を止め、「一回に二館ずつ」にするよう説得してくれたのが彼女です。安全面の配慮からだけでなく、「そのほうが一館ごとの印象が強く深くなるはず」という彼女の言葉が正しかったことは、最初の旅行で実感しました。その後も行き届いた手配、心憎いほどのサポートで、合計七回に及んだ旅を助けてくれました。

訪問先でも多くの人に助けられました。本書の冒頭に書いたように、大統領図書館のアーカイブは事前アポが原則でしたが、ミュージアムの受付で「アーキビストに会うことはできないか」と尋ねてみると、時に幸運の扉が開くことがありました。ルーズベルト図書館のビル・ハリス氏、フーバー図書館のクレイグ・ライト氏、トルーマン図書館のランディ・ソウェル氏は、突然の訪問にもかかわらず私を迎え入れ、アーカイブを案内してくださったり、細かな質問に答えてくださったり、その後も追加資料を送ってくださったりしました。ジョンソン図書館のサマンサ・ストーン氏とカーター図書館のシルビア・ナグイブ氏には、帰国後、メールでの情報提供に応じていただきました。

また国立公文書記録管理局（NARA）の大統領図書館部門長カラ・ブロンド氏には、しっかり時間をとっていただき、インタビューすることができました。ブロンド氏のコメントを本書で引用することはしませんでしたが、NARAが現在の大統領図書館をどう評価し、今後、どのような展望を抱いているのかについて大変率直に語っていただき、私の理解を深める手助けをしてくださいました。

ブロンド氏との会談に同行してくださったのが、株式会社ニチマイ米国事務所の長坂マイヤーズ陽子さんです。在米リサーチャーとして長年のキャリアを積んでいらした長坂さんには、メリーランド州カレッジパークにある国立公文書館の館内も案内していただき、アメリカの公文書管理の現場を踏まえた、多くの知見を得ることができました。

草稿は、早稲田大学大学院で政治学を専攻され、アメリカの大統領図書館制度に詳しい山本順一先生と、アーカイブズの専門家で『図書館情報学事典』（丸善出版、二〇二三年）では「アメリカ国立公文書記録管理局」の項目執筆を担当された天理大学教授・古賀崇先生に見ていただきました。専門用語の使い方、細かな言い回しのチェックだけでなく、本としてまとめる際の注意点や、全体を俯瞰したときに何が足りないか、といった大局的なフィードバックもいただきました。

残念ながら私の力不足で、先生方のご指摘すべてに応えることができていないのですが、貴重なご意見をいただけたことで、最初の原稿より数倍、いい本になりました。

そして、私に旅行資金を遺してくれた父と、プロジェクトを後押ししてくれた夫に。アメリカは、父の大好きな国でした。アメリカ大統領についての本を私が書いたことを、父はきっと喜んでくれていると思っています。そして夫は、旅行中・執筆中を通してずっと私を応援してくれました。はなむけに買ってくれた帽子を早々に無くしてきたり、浴室で滑って肋骨を折って帰ってきたりと、例によって私の旅行はドジ続きでしたが、あらゆる失敗を笑い飛ばし、本ができるのを誰よりも楽しみに待っていてくれました。

本書の刊行を快く引き受けてくださり、大統領図書館訪問記のはずが、いつの間にかアメリカ大統領について書いていた本書のタイトルを考えてくださった筑摩書房の松田健編集長と、入稿を担当してくださった大山悦子さん、膨大なファクト・チェックをしてくださった二人の校閲者にも、大変お世話になりました。

そのほか旅行中に出会った数多くの方々、執筆中にお世話になった数えきれないご支援に心から感謝し、せめてそのほんの一部でも、これから次の世代に恩送りしていきたいと思っています。

主要参考文献

【アメリカ現代史】
明石和康『大統領でたどるアメリカの歴史』岩波ジュニア新書、二〇一二年
有賀夏紀『アメリカの20世紀 下 1945年~2000年』中公新書、二〇〇二年
飯沼健真『アメリカ合衆国大統領』講談社現代新書、一九八八年
宇佐美滋『アメリカ大統領を読む事典 世界最高権力者の素顔と野望』講談社+α文庫、二〇〇〇年
砂田一郎『アメリカ大統領の権力――変質するリーダーシップ』中公新書、二〇〇四年
砂田一郎『新版 現代アメリカ政治――20世紀後半の政治社会変動』芦書房、一九九九年

【回顧録、評伝など】
ハリー・トルーマン『回顧録 I・II』堀江芳孝訳、恒文社、一九九二年
ジョージ・ブッシュ『未来を見つめて』吉澤泰治訳、KKダイナミックセラーズ、一九八八年
ビル・クリントン『マイライフ――クリントンの回想上・下』楡井浩一訳、朝日新聞社、二〇〇四年
ジョージ・W・ブッシュ『決断のとき 上・下』伏見威蕃訳、日本経済新聞出版社、二〇一一年
※このほか、Penguin Workshop から出版されている「Who is ~」シリーズ、各大統領図書館のパンフレット類やウェブサイト情報、ホワイトハウスの歴代大統領説明ページ、アメリカンセンターによる米国史概要、日米両方のウィキペディアの項目なども参考にしています。

【大統領図書館】英語書籍

Clark, Anthony (2015) *The Last Campaign: How Presidents Rewrite History, Run for Posterity & Enshrine their Legacies*, CreateSpace Independent Publishing Platform.

Cross, David (2014) *Chasing History: One Man's Roadtrip through the Presidential Libraires*, Stone and Patrick.

House Hearing, 112 Congress (2011) *America's Presidential Libraries: Their Mission and Their Future*, U.S. Government Publishing Office.

Hufbauer, Benjamin (2005) *Presidential Temples: How Memorials and Libraries Shape Public Memory*, University Press of Kansas.

Hyland, Pat (1995) *Presidential Libraries and Museums: An Illustrated Guide*, Congressional Quarterly.

Nappo, Christian A. (2018) *Presidential Libraries and Museums*, Rowman & Littlefield.

Schaefer, Peggy (2002) *The Ideals Guide to Presidential Homes and Libraries*, Ideals Press.

Shick, Frank L., Schick, Renee, and Carroll, Mark. (1989) *Records of the Presidency: Presidential Papers and Libraries from Washington to Reagan*, Oryx Press.

【大統領図書館　英語論文】

Clark, Bob (2018) "In Defense of Presidential Libraries: Why the Failure to Build an Obama Library is Bad for Democracy", *The Public Historian*, 40 (2), pp.96-103.

Cox, Richard. (2002) "America's Pyramids: Presidents and Their Libraries"', *Government Information Quarterly*, 19 (1), pp.45-75.

Evans, Meredith R. (2018) "Presidential Libraries Going Digital", *The Public Historian*, 40 (2), pp.116-121.

Ferriero, David S. (2017) "NARA's Role under the Presidential Records Act and the Federal Records Act", *Prologue*, 49 (2).

Fawcett, Sharon. (2017) "Presidential Libraries", *Encyclopedia of Library and Information Science, Fourth Edition*, pp.3714-3718.

Ginsberg, Wendy R., and Lunder, Erika K. (2015) "The Presidential Libraries Act and the Establishment of Presidential Libraries" *Congressional Research Service, R41513*.

Harper, Lauren. (2022) "U.S. National Archives' (NARA) Budget: The 30-Year Flatline", *National Security Archive*, March 11.

Hufbauer, Benjamin (2018) " A Brief Critique of the Public History in Presidential Libraries" *The Public Librarian*. 40(2), pp.104-110.

Leland, Waldo Gifford (1955) "The Creation of the Franklin D. Roosevelt Library: A Personal Narrative", *American Archivist*, 18(1), pp.11-29.

NARA (2009) "Report on Alternative Models for Presidential Libraries: Issued in Response to the Requirements of PL 110-404"

Stuessy, Meghan M. (2014) "The Presidential Records Act: Background and Recent Issues for Congress", *Congressional Research Service, R40238*.

※このほか、*The Public Historian* 28 (3) 二〇〇六年夏の大統領図書館特集号に掲載された全一六本の論文はいずれも重要な文献で、大いに参考にさせていただきました。また White House History (40) 二〇一八年の大統領図書館特集号、ＮＡＲＡの年次報告書や戦略的五か年計画、米国議会図書館・議会調査局によるＣＲＳレポート、

米国議会のサイト、各種ニュース記事なども参考にしています。

【大統領図書館　日本語書籍・論文】
田中慎吾、高橋慶吉、山口航『アメリカ大統領図書館――歴史的変遷と活用ガイド』大阪大学出版会、二〇二四年
泉昌一「大統領図書館を訪ねて」『びぶろす』三六（二）、一九八五年
ウェンディ・R・ギンズバーグ、エリカ・K・ランダー「大統領図書館法と大統領図書館の設立」CRS Report for Congress, 二〇一〇年
大原ケイ「壮大なバイオグラフィーとしての大統領図書館」『ライブラリー・リソース・ガイド』一八、二〇一七年
中山真、他「米大統領記念館を訪ねて（1）〜（5）」『日本経済新聞』電子版、二〇一三年八月一九日〜二三日
藤野寛之「アメリカ合衆国大統領図書館――設立の経緯とその文化・教育的意義」『サピエンチア――聖トマス大学論叢』四二、二〇〇八年
安江明夫「大統領図書館をめぐる最近の話　その1・その2」『カレントアウェアネス』三四―三五、一九八二年
山本順一「大統領図書館」『米国の図書館事情2007―2006年度国立国会図書館調査研究報告書』日本図書館協会、二〇〇八年
※このほか、国立国会図書館の『カレントアウェアネス』の記事、旅行サイトや個人の大統領図書館の訪問記なども、参考にさせていただいています。

【公文書・情報公開法関連】
大木悠佑、清水ふさ子、川田恭子、山田菜美、平野泉「記録を守るのは誰か――アームストロング事件が示した課

題」『GCAS Report』八、二〇一九年
仲本和彦『研究者のためのアメリカ国立公文書館徹底ガイド』凱風社、二〇〇八年
財団法人自治体国際化協会ニューヨーク事務所『米国における情報公開制度の現状』二〇〇二年
ゲーリー・M・スターン「公文書館記録の開示及び利用審査」『アーカイブズ』二三、二〇〇六年
ハロルド・C・レリア「情報自由法修正条項　第110連邦議会」CRS Report for Congress, 二〇〇八年
廣瀬淳子「大統領記録の公開――大統領記録法とオバマ政権の大統領記録に関する大統領令」国立国会図書館調査及び立法考査局『外国の立法』二四〇、二〇〇九年
富井幸雄「アメリカ連邦政府の文書管理と司法統制（上・下）」『法律時報』七四（二）（三）、二〇〇二年

豊田恭子 とよだ・きょうこ

一九六〇年、東京都生まれ。東京農業大学学術情報課程教授、ビジネス支援図書館推進協議会副理事長。お茶の水女子大学中文科卒業。出版業界誌「新文化」記者を経て、米国に留学。シモンズ大学（ボストン）で図書館情報学修士号を取得。帰国後、国際金融機関J・P・モルガン日本支社のビジネスリソースセンター設立、ゲッティ・イメージズの画像データベースやNTTデータの環境データベースの運営に関わる。著書に『闘う図書館――アメリカのライブラリアンシップ』（筑摩選書）、『専門図書館のマネジメント』（共著、日本図書館協会）、『ちょっとマニアックな図書館コレクション談義　またまた』（共著、樹村房）などがある。

筑摩選書 0283

アメリカ大統領《だいとうりょう》と大統領図書館《だいとうりょうとしょかん》

二〇二四年七月一五日　初版第一刷発行

著　者　豊田《とよだ》恭子《きょうこ》

発行者　喜入冬子

発行所　株式会社筑摩書房
東京都台東区蔵前二-五-三　郵便番号 一一一-八七五五
電話番号　〇三-五六八七-二六〇一（代表）

装幀者　神田昇和

印刷 製本　中央精版印刷株式会社

ISBN978-4-480-01802-1 C0322

筑摩選書 0277

訟師の中国史
国家の鬼子と健訟

夫馬進

中国はかつて訴訟を助ける訟師（しょうし）が跋扈する訴訟だらけの「健訟」社会だった。宋代から清末にかけて暗躍し、蛇蝎の如く嫌われた訟師の実態を描き出す。

筑摩選書 0278

岩波書店の時代から
近代思想の終着点で

大塚信一
堀切和雅

近代からポストモダンへの思想的転換点にあった二十世紀後半の岩波書店は何を発信したか。様々な文化人の出版活動とその思想的背景を当時の編集者が語りつくす。

筑摩選書 0279

イエスは四度笑った

米田彰男

なぜ聖書にイエスの笑いがなく、『ユダの福音書』でのみイエスは四度笑っているのか。『寅さんとイエス』の著者が、現代聖書学の成果を踏まえて謎を解明する。

筑摩選書 0280

人新世と芸術

岡田温司

人類の発展で地球規模の環境変化が起きた時代・人新世。優れた観察者で記録者だった画家たちはその変化をどう描いたか。新たな西洋美術の見取り図を提案する。

筑摩選書 0281

日蓮の思想
『御義口伝』を読む

植木雅俊

日蓮の講義を弟子が筆記した『御義口伝』にみえる日蓮の法華経解釈、さらにその底流にある人間主義的な思想について、講義をテーマ別に再構成しつつ解説する。

筑摩選書 0282

空白の團十郎
十代目とその家族

中村雅之

銀行員から市川團十郎になった男の初の評伝。九代目の婿養子で、三十歳を前に役者となり市川三升を襲名、死後十代目を追贈された知られざる團十郎の実像に迫る。